ARTHUR-LEVY

LES COULISSES DE LA GUERRE

LE

SERVICE GÉOGRAPHIQUE DE L'ARMÉE

1914-1918

Avec un portrait et deux cartes hors texte

BERGER-LEVRAULT, ÉDITEURS
NANCY-PARIS-STRASBOURG

1926

IMPRIMERIE ET LIBRAIRIE
BERGER - LEVRAULT
18, Rue des Glacis
NANCY
1926

LE SERVICE GÉOGRAPHIQUE DE L'ARMÉE

1914-1918

DU MÊME AUTEUR

Napoléon intime. 15e édition. Un vol. in-8 (*Épuisé*).
(*Ouvrage couronné par l'Académie Française, prix Thérouanne.*)

Napoléon et la paix. 4e édition. Un vol. in-8.
(*Ouvrage couronné par l'Académie Française, prix Thérouanne.*)

1914 (Août-septembre-octobre à Paris). 4e édition. Un vol. in-16.

La Culpabilité de Louis XVI et de Marie-Antoinette (Collection *Scripta Brevia*). Un volume.

Napoléon intime. Collection Nelson, édition abrégée. 200e mille. Un volume.

Napoléon et la paix. Édition du centenaire de la mort de Napoléon Ier (Collection Nelson). 17e mille. Un volume.

Napoléon et Eugène de Beauharnais. 13e édition. Un vol. in-16.

En préparation :

Napoléon intime. Édition définitive revue et considérablement augmentée par l'auteur. Deux vol. in-8.

ARTHUR-LÉVY

LES COULISSES DE LA GUERRE

LE SERVICE GÉOGRAPHIQUE DE L'ARMÉE

1914-1918

Avec un portrait et deux cartes hors texte

PARIS
BERGER-LEVRAULT, ÉDITEURS
136, BOULEVARD SAINT-GERMAIN (VIe)

1926

LE
SERVICE GÉOGRAPHIQUE DE L'ARMÉE
1914-1918

En ce petit hôtel du numéro 138 de la rue de Grenelle, occupé par le Service géographique de l'armée, s'accomplirent, de 1914 à 1918, des efforts qui contribuèrent à la victoire dans une mesure que bien peu de gens soupçonnent, même parmi les combattants.

Non seulement le Service géographique de l'armée produisit, à cinquante et quelques millions d'exemplaires, une cartographie renouvelée et répartie journellement dans tous les corps de troupe; mais on lui confia, quand il ne les inventa pas, de nombreux organes qui firent de lui ni plus ni moins que les yeux de l'armée, avec un champ visuel de plus de six cents kilomètres. Mieux que cela, on peut dire que, sur cet immense espace, il conférait à l'armée le don de pénétration du lynx de la Fable; car il s'agissait de voir, en quelque sorte, à travers les montagnes, pour découvrir les emplacements des batteries ennemies.

Des origines à la guerre de 1914.

Avant de se classer près du ministre de la Guerre, au rang des grandes directions de l'infanterie, de la cavalerie, de l'artillerie et du génie, le Service géographique traversa bien des vicissitudes.

L'origine du Service géographique dans les armées remonte évidemment aux conquérants de l'antiquité, qui se sont vus dans la nécessité de diviser leurs armées, autant pour les nourrir que pour accélérer leur rassemblement en un point stratégique. A cet effet, ils devaient étudier, plusieurs jours d'avance, les diverses routes qui serviraient à réaliser leur programme. Leur service géographique, car c'est bien ainsi qu'il faut appeler, sous quelque forme qu'elle se présente, la connaissance d'un terrain d'opération, leur service géographique donc se réduisait alors aux indications fournies par les habitants des contrées envahies. Ceux-ci, tenus le plus souvent en laisse, entre deux cavaliers, étaient responsables sur leur vie de l'exactitude de leurs renseignements. C'est d'ailleurs un système analogue qui est employé encore aujourd'hui par les explorateurs de l'Afrique inconnue et des pays dont on n'a pas de cartes.

C'est l'an 24 avant J.-C., sous le règne d'Auguste, que commença l'entreprise colossale du relevé topographique et de la mensuration de tout l'empire romain. Ce travail fut terminé, dit-on, sous Agrippa en l'an 19 avant J.-C. En ce temps relativement court, vu les moyens dont on disposait à cette époque, on ne put certainement dresser qu'une espèce de tracé plus ou moins exact, avec des mesures très approximatives. Ce progrès, fort appréciable sans doute, ne permit cependant pas de se guider en toute sûreté sans recourir aux renseignements oraux pris au passage. Il faudra des siècles pour arriver à la confection de cartes sur lesquelles les professionnels pourront, d'un coup d'œil, embrasser le panorama, distances comprises, de tout un pays avec ses accidents et détours, même ceux ignorés souvent des indigènes.

Les documents officiels mentionnent la date de 1744 pour la création, en France, du corps des ingénieurs-géographes militaires. Cependant, nous allons voir un orateur de la Convention faire remonter beaucoup plus haut l'existence de cette institution. Il est vrai qu'on peut pardonner une inexactitude à un représentant du peuple, empressé à se targuer d'avoir, lui aussi, découvert une infâme trahison à la charge d'un officier aristocrate.

Le 28 septembre 1794, le général de Calon, député de l'Oise, faisait à la tribune la révélation suivante : « L'institution des Ingénieurs-géographes militaires remonte à plus de cent ans; les nombreux services qu'ils ont rendus semblaient faire un devoir au Gouvernement de conserver d'aussi précieuses ressources. On ne sait par quelle fatalité, au moment où l'on allait en avoir le plus grand besoin, Bureau de Puzi, officier du génie, émigré, parvint à faire adopter par l'Assemblée Constituante la proposition perfide de leur suppression, sous l'insidieux motif que les officiers du génie pourraient remplacer aux armées les ingénieurs-géographes; ce qui n'est point arrivé. » De Calon, continuant son discours, précise qu'il s'est aperçu de ce forfait lorsque, prenant, en 1793, la succession du général Mathieu Dumas, il constata, par leurs réclamations, que les généraux et les états-majors n'avaient pas d'ingénieurs-géographes.

Toutefois, il rassure les Conventionnels en affirmant que ses efforts ont abouti à la réunion de plus de vingt ingénieurs-géographes, capables de faire les opérations de la campagne prochaine. Si dans ce groupe de géographes, rassemblés à la hâte, figurent des ingénieurs, des dessinateurs, des instituteurs plus ou moins qualifiés par leurs études, il en est d'autres tels que Macaire, marchand de vins; Oudin, loueur de chaises à l'église Saint-Eustache; Gœbel, distillateur, dont on ne peut guère s'expliquer la présence qu'à titre de solides patriotes, observateurs sévères sans doute du respect des bons principes. Enfin, dans sa péroraison, de Calon ne manque pas de se conformer à l'emphase du temps en disant : « C'est ainsi que j'ai suppléé à la mesure désastreuse combinée par un traître pour livrer la patrie à la merci des hordes étrangères. »

Le crime de lèse-patrie, dénoncé par de Calon, se réduisait finalement à la dislocation du corps des ingénieurs-géographes. Intact était resté le matériel des cartes, dont le fonds principal provenait de la confiscation, le 21 septembre 1793, de tout ce qui appartenait à la Société Cassini, gérée alors par un nommé Louis Capitaine. Le décret de la Convention ordonne « que les planches et exemplaires de la carte générale de France, dite de l'Académie, en cent-soixante-treize feuilles, actuellement entre les mains du citoyen Capitaine ou associés, seront, dans le jour, transférés au Dépôt de la Guerre, sauf à ceux qui prétendraient avoir des réclamations à faire à cet égard, à produire leurs titres de propriété ou de créance pour être statué par la Convention nationale ce qu'il appartiendra ».

Des réclamations, il y en avait à faire. Mais en ces jours de la Terreur, les ayants droit, « compagnie de spéculateurs à l'avidité desquels, disait le général de Calon, la Convention devait arracher un ouvrage national », n'étaient guère enclins à se mettre en évidence. Aussi le 5 décembre, à la réunion des actionnaires qui suivit la confiscation, personne ne se présenta excepté Cassini et Capitaine. La situation se simplifia encore bientôt par l'exécution du président Sarron, l'un des directeurs, du président Corberon, l'un des administrateurs, et de Malesherbes, le trésorier, puis par l'incarcération de Cassini, le 14 février 1794.

La Société Cassini avait été constituée dans les conditions suivantes : en 1750, Louis XV, ayant pris connaissance du projet de Cassini, lui fit allouer une subvention annuelle de quarante mille livres. Il proposait même d'augmenter cette somme afin de hâter l'achèvement de la carte. Mais en 1756, les dépenses de la guerre de Sept ans ne permirent plus au trésor royal de continuer la subvention. Alors le Roi donna à Cassini la liste des personnages qu'il avait pressentis pour former une association de cinquante membres. Ceux-ci verseraient chacun treize cents livres par an, jusqu'à complète terminaison de la carte. En tête de cette liste s'inscrivit Mme de Pompadour, dont l'exemple fut suivi par les ministres, par le prince de Soubise, le duc de Bouillon, le duc de Luxembourg, le maréchal de Noailles, etc. En huit jours, les cinquante associés étaient réunis, et des savants tels que Buffon, La Condamine, Montalembert, s'offrirent à partager la direction de l'entreprise, patronnée en outre par l'Académie des Sciences.

Tout isolé qu'il se trouvât après la confiscation brutale des biens de la Société, Louis Capitaine ne craignit pas de revendiquer les droits des actionnaires. Dix-sept pétitions et réclamations furent présentées par lui jusqu'à ce que le Comité de Salut Public réglât l'indemnité due à la compagnie, à la somme de neuf mille soixante livres par titre. Cet acte de justice et de loyauté apparente ne coûta pas cher aux finances du gouvernement révolutionnaire, attendu que l'indemnité ne fut pas payée. Il fallut aller jusqu'en 1818, pour voir allouer une somme de trois mille francs à chacune des actions. Les héritiers de Louis Capitaine, possesseurs de presque toutes celles qui n'avaient pas disparu sous la Révolution, touchèrent cinquante et un mille francs pour dix-sept actions.

***

Reconstitués en un corps spécial, les ingénieurs-géographes rendirent d'excellents services aux armées de la Révolution et du Directoire. Le personnel comprenait, en l'an IX, soixante officiers et, en l'an XI, leur nombre était porté à cent-un. Ils eurent à déployer, dans leurs bureaux ou en campagne, le maximum d'activité que le Premier Consul, aussitôt élu, imposa à toutes les branches de l'administration aussi bien civile que militaire. Dès son entrée en fonctions, il fit procéder aux reconnaissances les plus urgentes sur les frontières de Briançon à Neuf-Brisach. Ensuite furent entrepris de grands travaux cartographiques.

Napoléon attachait aux cartes géographiques une importance capitale. Il n'arrêtait aucun projet avant d'avoir étudié non seulement une carte mais toutes les cartes, tous les plans, tous les documents écrits, trop souvent contradictoires, qu'on pouvait lui donner sur la région qu'il avait en vue.

Les bonnes routes n'étaient alors pas nombreuses. Les cartes les indiquaient mal ou ne les indiquaient pas. Les renseignements recueillis de différentes sources s'annulaient parfois l'un l'autre ou avaient une origine trop ancienne. Impossible de formuler des ordres sans recourir à des reconnaissances préalables et poussées à de grandes distances. Ainsi voit-on, en septembre 1806, le maréchal Berthier prescrire, au nom de l'Empereur, la mesure suivante : « Vous donnerez des instructions pour que des ingénieurs-géographes marchent toujours à l'avant-garde de chaque corps d'armée. Ils seront à cheval et figureront le pays à droite et à gauche. Ils m'adresseront journellement le croquis de leur travail que je vous remettrai pour être assemblé et mis au net... » Et plus tard, de Schoenbrünn, l'Empereur lui-même dit : « Chaque soir, il me sera fait un rapport sur le travail de chaque ingénieur. »

Exigeant et tenace, il ne se lassait pas de talonner les malheureux ingénieurs. Le 26 octobre 1804, il écrivait au ministre de la Guerre : « Je crois que les ingénieurs travaillent, mais je ne suis pas certain qu'ils travaillent sur de bonnes bases, d'où il suit qu'on mettra vingt années à terminer des cartes et des plans. C'est trop travailler pour la postérité. Les ingénieurs sont trop maîtres de faire ce qu'ils veulent. Assurez-vous que leurs opérations ne sont pas dirigées sur de trop vastes projets. L'expérience prouve que le plus grand défaut en administration générale est de vouloir trop faire; cela conduit à ne point avoir ce dont on a besoin... Depuis cinq ans je ne vois encore aucun résultat de la carte d'Italie; à quelle époque, me présentera-t-on enfin quelques feuilles achevées ?.... (1). »

(1) *Correspondance de Napoléon Ier*, t. X, p. 31.

D'autant plus difficile à contenter qu'il sait parfaitement son métier, il s'écrie encore en 1809 : « Je suis peu satisfait du travail que les ingénieurs-géographes ont fait; telle position est mal faite; il n'y a point de place pour y tracer une tête de pont, et le point essentiel ne s'y trouve pas. Là, on arrive à un moulin et ensuite on traverse un marais... Au lieu de détailler les ponts et les bras de la rivière, on a fait une chaussée embrouillée. Cette carte pourrait tout au plus servir à un particulier voyageur; elle ne peut militairement être utile. Quand je demande une reconnaissance je ne veux pas qu'on me donne un plan de campagne (1). »

Napoléon avait en quelque sorte la passion des cartes topographiques. Lorsqu'en 1796, il prit le commandement de l'armée d'Italie, son premier soin fut de se constituer un bureau topographique personnel. Ce bureau avait pour chef un officier de troupe, engagé volontaire de 1793, Bacler d'Albe, qu'on retrouve général à la fin de l'Empire, et ayant encore la haute main sur le corps des ingénieurs-géographes.

Durant tout son règne, en dehors de la cartographie du ministère de la Guerre qui était naturellement à sa disposition, l'Empereur tint à avoir en permanence un cabinet topographique à Saint-Cloud, un autre à Malmaison et le troisième à Fontainebleau. Il avait à l'égard de ces documents une espèce de manie de collectionneur. Ce qu'il demandait à voir — et c'était à peu près tout — il le conservait, croquis aussi bien que cartes. Les eût-il en double, voire en triple, on ne pouvait rien ravoir de ce qui lui avait été une fois communiqué. Et cela n'allait pas sans créer souvent des embarras au ministère de la Guerre.

S'il aimait les cartes, Napoléon les voulait très lisibles, sur l'échelle de Cassini, mesure qui subsistait encore, d'ailleurs, dans ce qui s'est appelé plus tard la carte d'État-Major. Son horreur des cartes de plus petite dimen-

---

(1) *Correspondance de Napoléon Ier*, t. XIX, p. 327.

sion est exprimée vigoureusement dans une lettre au général Clarke en 1809 : « Je ne suis pas davantage content de la carte que vous me proposez pour les quatre départements du Rhin. Je veux qu'elle soit à l'échelle de Cassini et je me moque de vos divisions décimales; le Dépôt de la Guerre est mal mené. Je dépense beaucoup, on travaille beaucoup et on ne me satisfait pas. »

Par contre, ce sont des transports de joie quand on lui soumet enfin des cartes remplissant ses désirs. Son attitude, ses paroles, en telle circonstance, sont notées dans le curieux rapport du colonel Muriel qui avait été chargé de présenter au souverain ce qu'on désignait sous le nom de « carte de l'Empereur ».

« Le 6 mars 1809, dit Muriel, je me rendis près de l'Empereur qui séjournait au Palais de l'Élysée... Sa Majesté qui était avec le maréchal d'Auerstaedt me demanda ce que j'apportais. Je le lui dis. Elle m'ordonne de défaire le paquet, en prend une feuille qu'elle place sur le parquet en me disant d'assembler la carte. Je m'en occupe avec prestesse : « Ne « vous troublez pas; calmez-vous, ajouta-t-elle; que d'Albe « vous aide. » Elle fait appeler ce dernier et passe dans son cabinet, en attendant que tout soit déployé et arrangé. Nous avons bientôt tapissé le parquet de notre belle topographie. L'Empereur ne tarde pas à rentrer avec le maréchal d'Auerstaedt qui l'avait suivi, se couche sur les cartes, examine, parcourt dans tous les sens, toujours sur les pieds et sur les mains, me fait dans l'intervalle des questions sur la manière dont le travail a été fait et sur la nature des matériaux employés. Sa Majesté sifflait de temps en temps et battait la mesure avec ses doigts sur les cartes. Un quart d'heure à peu près passé de la sorte, Sa Majesté toujours couchée, jette les yeux sur le parquet qui contenait la carte de Basse Autriche, me demande ce que c'est; sur ma réponse, elle me dit de lui donner la carte de Vienne. Cette feuille déployée, Sa Majesté s'assied dessus en s'accoudant, me questionne sur l'échelle et me dit : « Voilà

« une grande carte! voilà des cartes! » Relevée de dessus le parquet, elle vit sur les fauteuils une suite des cartes qui étaient à terre... Elle me demanda encore ce que c'était; je le lui dis et sa réponse fut : « Voilà des cartes, d'Albe! « voilà des cartes, maréchal! allons, voilà enfin des cartes! » Elle ordonna à M. d'Albe de les reployer et de les reporter au cabinet topographique... (1). »

Se coucher sur les cartes pour les examiner était, paraît-il, la position favorite de l'Empereur, même en pleine campagne. Ainsi le voyons-nous, en 1813, à Priesnitz, près Dresde, où il cherchait un point favorable au passage de l'Elbe. « Une batterie formidable, dit Planat de La Faye, placée sur la rive opposée tirait sans interruption quoique notre artillerie ripostât vigoureusement. L'Empereur courut un grand danger : il avait fait étendre une carte sur le sol, et s'était mis à plat ventre dessus pour l'étudier; le major-général était assis près de lui, et tout le reste à une distance respectueuse, les yeux fixés sur le souverain. Tout à coup un obus vient tomber à dix pas derrière lui, s'enfonce et éclate en le couvrant de terre ainsi que sa carte. Heureusement personne ne fut blessé... L'Empereur se releva en secouant la terre dont il était couvert et dit gaiement : « Ces drôles-là n'en font jamais d'autres (2). »

Grâce à l'impulsion donnée au corps impérial des ingénieurs-géographes, les bureaux topographiques, à la fin du règne de Napoléon, possédaient des cartes de toute l'Europe, les unes un peu rudimentaires, les autres parfaites pour l'époque.

***

La Restauration, qui se devait bien de changer quelque chose à ce qu'avait fait l'Empire, appliqua, aux boutons

(1) Archives historiques du Dépôt de la Guerre A. II. Colonel BERTHAUT, *Les Ingénieurs-géographes militaires, 1624-1831*, t. II, p. 120.

(2) *Vie de Planat de La Faye*, officier d'ordonnance de Napoléon Ier, p. 135.

de l'uniforme des ingénieurs-géographes, des fleurs de lys. Elles furent effacées bien entendu aux Cent Jours, en même temps que l'on réarborait la cocarde tricolore. Le jeu des boutons et des cocardes était une bagatelle auprès de ce qui attendait les ingénieurs-géographes. Au retour de Louis XVIII, ils furent compris dans le licenciement général de l'armée et la plupart mis en demi-solde.

Avec le rétablissement du Dépôt de la Guerre, en 1822, une Section topographique reprit une espèce de vie. Ce ne fut pas encore pour longtemps. Car, en 1831, les ingénieurs-géographes sont versés dans le corps d'État-Major. Pour qu'on arrivât à reconstituer le groupe d'officiers, pris tous, jusqu'en 1831, parmi les premiers sujets de l'École Polytechnique, pour s'adonner exclusivement aux travaux scientifiques de la confection des cartes, il ne fallut pas moins que la mercuriale véhémente adressée, en 1835, de la tribune de l'Académie des Sciences, au Gouvernement par le baron Charles Dupin. Il disait : « Ce serait une honte pour le XIXe siècle et pour un gouvernement si, dans ses mains, une entreprise illustre du régime déchu s'achevait en dégénérant, et si l'on substituait des travaux militairement expéditifs à des travaux laborieusement scientifiques. » Par la réalisation de ce vœu, les ingénieurs-géographes restèrent attachés à leur savante mission jusqu'au jour de leur retraite. Parmi eux on remarque les noms célèbres des généraux Pelet, Morin, Blondel.

C'est à partir du 7 janvier 1852 que le Dépôt de la Guerre, avec sa section spéciale du Service géographique devint et demeura un organe spécial du ministère de la Guerre.

La guerre de 1870 fut, à l'instar de toutes nos organisations militaires, une terrible leçon pour la Section du Service géographique. A l'exception des cartes d'Allemagne, nulles autres n'existaient en approvisionnement. On n'avait jamais pensé que l'ennemi pût franchir la frontière. Et à l'heure critique, par une conjoncture invraisemblable, on se trouva dans l'impossibilité de tirer aucune carte de la France.

Dans la panique qui suivit nos premiers revers, le général Hartung, chef de l'État-Major, ordonna d'envoyer en province les planches de cuivre de la carte de France. Ce travail fut confié à un employé du Dépôt de la Guerre qui, après avoir emballé le tout dans cent cinquante caisses, les expédia sur Brest. Sage précaution... à condition toutefois de ne pas être tenue secrète au point de rester ignorée jusqu'à la fin des hostilités, par tout le monde, y compris les ministres de la défense nationale à Paris et à Tours. « Les cartes manquaient absolument, dit M. de Freycinet, dans son ouvrage *La guerre en province*, cependant il en fallait, et pour l'armée et pour l'administration. »

Après l'essai de divers et médiocres expédients, on sortit enfin de cette détresse grâce à la découverte, chez la veuve d'un officier supérieur, d'un album complet de la carte d'État-Major. Alors tant bien que mal, et de toute urgence, on installa à Bayonne un atelier de reproductions photographiques qui permit, dans les quatre derniers mois de la campagne, de distribuer quinze mille cartes aux états-majors. Au mois d'août 1871, les cent cinquante caisses de planches de cuivre revenaient de Brest au ministère de la Guerre...

Les conséquences lamentables du manque de cartes, en 1870, montrèrent péremptoirement que le Service géographique était l'un des rouages essentiels de la défense nationale. Aussi lorsqu'en 1874, il s'agit de réorganiser l'armée sur de nouvelles bases, on reconnut la nécessité de créer, comme il existait en Allemagne, un État-Major Général chargé de préparer, pour le jour voulu, la meilleure mobilisation de toutes nos forces. Dans cette conception, le nouvel État-Major Général s'incorpora les spécialités de la géodésie et de la topographie en son cinquième bureau.

Semblable était à Berlin l'organisation du Service géographique militaire (*Landesaufnahme*), avec cette différence qu'on y employait autant de fonctionnaires et agents civils que d'officiers et sous-officiers.

Le cinquième bureau ne tarda pas à devenir le Service géographique de l'armée dont le statut se résume en ces termes : « Assurer, dès le temps de paix, l'approvisionnement en cartes de mobilisation conformément aux dispositions arrêtées par le haut commandement. Renouveler cet approvisionnement au cours de la campagne ainsi que fournir l'armée de toutes les cartes spéciales ou nouvelles dont elle pourrait avoir besoin. Posséder par conséquent le matériel et les réserves de papier nécessaires, et avoir étudié à l'avance les moyens d'augmenter, le cas échéant, la production. Enfin, avoir prévu les dispositions à prendre au cas d'événements contraires qui obligeraient le Service géographique de l'armée à quitter Paris. »

Comme chefs du service institué sur ces bases, continuant les travaux de la triangulation de toute la France et activant la cartographie de l'Algérie, de Tunisie et du Maroc, les colonels et généraux Perrier, Derrécagaix, de la Noë, Bassot, Berthaut, se succédèrent jusqu'au 1er novembre 1911, date à laquelle le colonel Bourgeois en prit la direction pour la garder jusqu'en 1919.

La réorganisation des services.

Ce qu'il est permis d'appeler la chance française voulut qu'à l'heure de la guerre formidable de 1914, se trouvassent, aussi bien à la tête des armées que dans les autres services, des généraux d'une incontestable supériorité, prédestinés, en quelque sorte, à assurer la victoire de leur pays dans la conjoncture la plus dangereuse peut-être de son histoire. Rien de plus caractéristique à cet égard, que la présence, à point nommé, du général Bourgeois, au Service géographique de l'armée.

Qualifié d'abord par ses connaissances techniques qui devaient le conduire bientôt à l'Académie des Sciences, il avait le don rare de l'administrateur qui, où qu'il passe, remet toutes choses dans l'ordre le plus parfait, ayant saisi d'un coup d'œil les points essentiels et les détails secondaires. Si précieux que fût cet équilibre d'esprit, il n'aurait cependant pas suffi. Aussi nécessaire était ce que le général Bourgeois possédait à un degré supérieur : le courage d'engager sa responsabilité personnelle, pour résoudre d'urgence les questions imprévues qui allaient jaillir du hasard des chocs d'armées.

Des yeux solidement ouverts, trait saillant de sa physionomie, révèlent sa volonté inflexible de réaliser son dessein. Et son dessein, sa pensée unique ne fut autre, durant cinq années, que de fournir aux armées françaises et à celles des Alliés, avec une diligence ardente, insoumise à l'obstacle, le matériel de combat dont il avait la charge.

Une fois directeur du Service géographique, en 1911, le temps de prendre contact avec les différentes branches de cette administration, il envisage immédiatement ce qui se passera le jour de la mobilisation. Car, si l'on est au ministère de la Guerre, il semble assez naturel de se préoccuper de la guerre. Son premier soin est de faire établir un journal de mobilisation du Service géographique, élément fondamental, inexistant jusqu'alors. Ce journal donnait le tableau du travail quotidien pendant les quinze premiers jours de la mobilisation :

Rassemblement des lots de cartes pour les états-majors,

Chargement des voitures à cartes de ces états-majors,

Expédition immédiate aux corps,

Réquisition éventuelle d'imprimeries de complément à Paris,

Réquisition de papier chez certains éditeurs,

Remplacement successif des militaires du service armé.

Si les événements en faisaient malheureusement sentir l'utilité, le douzième jour de ce programme serait consacré au transfèrement d'une imprimerie à Tours, où serait, au besoin, installé plus tard tout le Service géographique. Les détails relatifs aux aménagements de ces annexes, imprimeries et bureaux, furent étudiés secrètement en 1913.

D'accord avec l'autorité militaire et la préfecture d'Indre-et-Loire, on disposa deux réquisitions prêtes à jouer à tout instant : l'une, de deux imprimeries capables de tirer trente mille cartes environ par jour, et l'autre, d'un pensionnat de jeunes filles, dont les locaux étaient favorables à l'organisation des bureaux de Paris. En fait, les imprimeries et le pensionnat furent utilisés jusqu'à la fin de la guerre sans réquisition, leurs propriétaires ayant traité à l'amiable, avec une parfaite bonne volonté.

Les ateliers du Service géographique s'adonnèrent, en 1912, à la modification des limites de la carte existante qu'on avait décidé de prolonger jusqu'au méridien de Stuttgart. Ce n'était pas une petite affaire; car au travail de réfection s'ajoutait la tâche d'introduire la carte rectifiée dans les lots de mobilisation, autrement dit, dans plus de six cent mille paquets de vingt-cinq feuilles chacun en moyenne, soit au total quinze millions de cartes à manipuler.

Cette immense besogne s'accrut encore lorsqu'en novembre 1913, l'État-Major Général passa du plan 16 au plan 17. Celui-ci prévoyant des opérations au Nord-Est, le Service géographique effectua aussitôt le tirage, au format réglementaire, des quatre feuilles figurant la Belgique jusqu'à la limite de Middelbourg et de Bois-le-Duc. Ces deux noms de villes semblent attester qu'on a trop légèrement prétendu, à propos du plan 17, que nous n'attendions rien du côté de la Belgique. Une telle ardeur fut déployée, rue de Grenelle, qu'au mois de juillet 1914, les approvisionnements de cartes, y compris les quatre feuilles de Belgique, étaient au complet dans les lieux de mobilisation de toutes les unités : actives, de réserve ou territoriales.

Certain que les choses étaient au point dans le Service

géographique, le directeur, autorisé le matin même par le ministre, partait, le 26 juillet, pour Vichy, lorsque, à la gare de Lyon, il vit arriver un officier dépêché par le ministre de la Guerre. Mis au courant, en deux mots, de la tension diplomatique qui s'accentuait du côté austro-allemand, le général Bourgeois regagna aussitôt la rue de Grenelle. Là, sans désemparer, il ordonna au chef du service de la mobilisation de vérifier, une fois de plus, que tous les corps possédaient leurs lots de cartes conformément aux prescriptions du haut commandement.

Les débuts de la guerre de 1914.

En vertu de son ordre de mobilisation, le général Bourgeois se mit, le 2 août, à la disposition du commandant en chef des armées. Celui-ci, connaissant le tempérament zélé et réalisateur du directeur actuel du Service géographique, n'hésita pas à lui demander de se dédoubler en se transportant du ministère de la Guerre au Grand Quartier Général, et inversement, autant de fois que sa présence serait nécessaire ici ou là.

Du cadre normal des officiers spécialistes, il n'en restait que deux, rue de Grenelle. Les autres gagnaient en hâte aux armées leur poste de mobilisation. Le jour même, ils étaient remplacés par d'anciens officiers du Service géographique qui apportèrent, de leurs retraites, un dévouement et un entrain au-dessus de tout éloge. Ils encadrèrent les officiers de complément choisis d'avance et convoqués expressément. C'est avec ce personnel, mixte en quelque sorte, qu'il fallut parer à ce qui se peut appeler le branle-bas de mobilisation.

Grâce au tableau de travail établi en temps de paix pour les jours critiques, on échappa aux retards presque inévitables dans des opérations multiples, compliquées et encore inabordées. En quarante-huit heures, deuxième et troisième jours de mobilisation, on prépare les stocks importants de cartes, ainsi que les agencements des bureaux cartographiques à installer au Grand Quartier Général, et à chacun des quartiers généraux d'armée. Le quatrième jour, des automobiles de réquisition arrivent rue de Grenelle; en une demi-journée plus une nuit, elles sont aménagées en bureaux-magasins, puis chargées; et le cinquième jour, à la première heure, elles sont prêtes à partir avec le deuxième échelon des quartiers généraux auxquels elles appartiennent.

Pendant ce temps, afin de subvenir au remplacement journalier des cartes perdues ou détériorées dans les marches et les batailles, les presses de la rue de Grenelle roulaient au fracas de leurs cinquante-quatre mille coups par jour, c'est-à-dire autant de cartes tirées en noir.

Dès le 10 août, il apparut clairement que les Allemands ne se bornaient pas à traverser le Luxembourg, mais qu'ils descendaient à marches forcées, par Aix-la-Chapelle et la Belgique. De cette manœuvre, il résultait que le champ des opérations allait peut-être s'élargir à l'ouest. Cette supposition ne tarda pas à se changer en réalité. Le 13 août, arrivait à Paris l'officier cartographe de la 5e armée, avec mission de rapporter d'urgence des cartes permettant d'étendre plus à l'ouest le front de cette armée qui tenait notre aile gauche. Le directeur du Service géographique qui, depuis deux ou trois jours, pressentait la possibilité de cette demande, avait combiné les travaux dans ce sens et fut en mesure de satisfaire immédiatement à la requête du général de Lanrezac.

L'échec du plan 17 et la retraite de Charleroi entraînèrent la modification des dispositions prises à l'arrière, notamment celles qui concernaient le Service géographique. Son centre de distribution, comme cette désignation l'indique, devait être en un point correspondant à la ligne du centre des armées combattantes. Dans le cas de l'action principale dans l'Est, sa place était à Paris, puis à Tours si l'on redoutait l'investissement de la capitale. Prévisions aujourd'hui déroutées par le mouvement de l'ennemi débouchant formidablement par le Nord-Ouest. Non seulement Paris était menacé, mais Tours faisait face maintenant à l'extrême gauche de notre front. Grave inconvénient auquel le général Bourgeois remédia en toute célérité. Il choisit Clermont-Ferrand comme troisième centre de distribution. A des conditions avantageuses fut loué un couvent de sœurs de charité, local immense, suffisant au besoin pour y établir également le principal de la fabrication. Ainsi se trouvait-on paré à tout événement. Si Paris était assiégé, Tours devenait le centre de distribution pour la gauche de nos armées, et Clermont-Ferrand pour la droite.

Le 2 septembre 1914, le Gouvernement part pour Bordeaux, emmenant tous les ministères et leurs directions. Le Service géographique ne pouvait songer à transporter en province l'ancien fonds des cartes du Dépôt de la Guerre. Composé de cartes gravées depuis le règne de Louis XV, y compris celles de Cassini, ce fonds est d'une valeur inestimable. Le directeur le fit emmurer, sans traces visibles, dans les vastes caves du nº 138 de la rue de Grenelle (Hôtel de Sens). Par excès de précaution, on aménagea à Bordeaux un troisième centre de fabrication.

Mais l'objet important, celui qui, dans la pensée du général Bourgeois, ne pouvait souffrir ni interruption, ni délai, c'était la distribution des cartes de remplacement. Laisser venir les demandes à Bordeaux, c'est-à-dire à la direction, ainsi que l'aurait voulu le règlement dont ne se départirent malheureusement pas d'autres services, c'était organiser le retard et le désordre. Car, du front à Bordeaux et retour, il fallait compter au moins trois jours, au bout desquels les intéressés risquaient fort d'avoir changé d'adresse.

Rompant avec une tradition inapplicable, selon lui, en l'occurrence, le général ordonna que toutes les demandes de cartes seraient envoyées en double, l'une à Paris, l'autre à Bordeaux; et que, sans attendre l'avis de son chef, Paris donnerait satisfaction aux corps qui étaient en ligne. Il estimait qu'un double emploi de cartes était préférable à la pénurie dans une unité quelconque. Il tenait pour principe absolu que les combattants devaient, en tout, pour tout et partout, avoir le sentiment que l'arrière ne les laissera jamais manquer de rien. C'est au moyen de ces préoccupations des plus petites choses que se conserve intact le moral des armées.

Cette conception du devoir entraîna parfois le général Bourgeois à suivre non le texte mais l'esprit de prescriptions élaborées aussi minutieusement que possible. Toutefois, elles n'avaient pas prévu, n'avaient pas pu prévoir les innombrables cas particuliers qui surgissent dans la mêlée des combats, et encore plus dans le tumulte inévitable des marches rétrogrades imposées par l'ennemi.

Un exemple va montrer avec quelle rectitude de jugement, quel sens pratique, le général savait obvier à un état de choses que beaucoup d'autres auraient considéré comme un gâchis inéluctable et irrémédiable en temps de guerre.

La règle établie, au début des hostilités, voulait que les livraisons du Service géographique fussent faites dans les trente-six heures à compter du moment de l'expédition d'un télégramme du Grand Quartier Général. Jusqu'à la mi-septembre, les expéditions par chemins de fer, convoyées par un officier, donnèrent satisfaction. Mais à dater de la deuxième quinzaine de septembre, les changements de théâtre des opérations devinrent si fréquents, et les délais fixés par le commandement si courts, qu'il fallut renoncer aux chemins de fer pour employer des automobiles, tenues prêtes, jour et nuit, à partir de la rue de Grenelle. Par ce moyen, les livraisons, où que ce fût, s'effectuaient dans les quarante-huit heures aux états-majors chargés de la répartition.

A ces états-majors, s'arrêtait réglementairement l'action du Service géographique. Or, il advint que, dans ses tournées fréquentes au front, le directeur rencontra des officiers ne possédant pas de cartes. Comment cela était-il possible après qu'il en avait été fourni à profusion, voire des millions?

Cette lacune provenait de causes multiples : la principale était que les états-majors, à tous les degrés, prélevant partout plus de cartes qu'il ne leur en revenait, négligeaient parfois d'en donner aux officiers subalternes. D'autre part, en quittant une position, des liasses importantes avaient été abandonnées, comme inutiles pour l'instant, qui n'ont pas tardé à faire défaut. C'est ainsi par exemple que des unités de droite, allant à gauche, délaissaient sur le terrain les cartes de droite et inversement.

De sévères rappels aux règlements, des sanctions même peuvent couvrir la responsabilité d'un chef, mais ne remédient nullement à un mal dont la répétition n'est que trop facile à prévoir. Le général pensa prendre ses sûretés au moyen d'une mesure radicale et neuve : désormais, en surcroît des fournitures faites aux armées, les dépôts régimentaires, à l'intérieur, seront d'abord abondamment nantis de collections de toutes les cartes. En outre, toutes les fois qu'un officier ou sous-officier montera du dépôt au front, il emportera une ou deux de ces collections qu'il remettra directement à son colonel. On voit le résultat de cette manière d'opérer : point de recours aux états-majors, aucune formalité; le colonel n'aura qu'à puiser dans son approvisionnement pour remplacer instantanément les feuilles perdues ou détériorées.

Rien de plus simple assurément. Mais encore fallait-il la hardiesse de rompre avec la coutume qui, de temps immémorial, avait classé les papiers géographiques parmi les objets scientifiques, assujettis au contrôle des états-majors. Le Service géographique, dès la première heure, en 1914, a traité la carte comme n'importe quelle munition de guerre d'usage constant, et d'ailleurs la moins coûteuse de toutes, revenant à un prix dérisoire, à quelques centimes, après avoir été, comme dans l'industrie, fabriquée économiquement par grandes séries.

C'est donc par l'enchainement de sa méthode que la direction put, avec des disponibilités sans cesse renouvelées, assurer largement et mécaniquement, pour ainsi dire, le service des cartes sur toute l'étendue du front. Ces choses, d'intérêt secondaire pour qui ne voit que le choc des armées, font cependant partie des mille atomes de ce foyer de vie — l'ordre de bataille — qui anime, emporte des milliers, quand ce ne sont des millions d'hommes, avec leur immense variété de matériel. Retranchez-en certains éléments d'apparence microscopique, et vous risquez le désarroi, peut-être le désastre.

Toutefois, il avait fallu préalablement conjurer une crise très grave : la menace de voir diminuer le stock permanent de papier que le général avait toujours entendu maintenir très élevé, à l'abri de chômages d'usine, ou de difficultés de transport. Car le papier, pour cette administration, c'est en définitive être ou ne pas être. Or, fin 1914, les prix majorés de jour en jour et hors de toute proportion, peut-être par des accaparements de sous-produits, empêchaient le fonctionnement des grandes papeteries outillées spécialement pour alimenter le Service géographique.

Armé des pleins pouvoirs du ministre de la Guerre, le directeur, par ses réquisitions immédiates et par les effets d'un décret d'interdiction de sortie des matières utiles à la papeterie, remit les choses en leur état normal. Et le 10 décembre 1914, le général Bourgeois, dans son rapport au ministre, pouvait dire : « Les marchés en cours de livraison, les stocks de matières premières, permettent au Service géographique de l'armée d'envisager l'avenir avec sécurité, dût la guerre durer plus de deux ans encore. La question des cartes ne se pose donc pas ; l'armée peut en user de la façon la plus large, elle sera toujours servie. »

La fabrication difficile et délicate de cartes en aussi grand nombre qu'on en désirât — ce nombre, rien que pour les plans directeurs, dépassa seize millions pendant la guerre — et leur acheminement à tous les points du front étant désormais réglé, comme une machine automatique pour ainsi dire, n'exigeaient plus du directeur qu'une surveillance de quelques instants au rapport du matin.

***

Artilleur de carrière, passionné pour tous les problèmes scientifiques de son arme, le général Bourgeois ne tarda pas à trouver un champ d'activité qui élargit singulièrement le rôle du Service géographique, tel qu'il avait été prévu pour le temps de guerre, aussi bien par la France que par l'Allemagne. Ici ni là, tant était grande la conviction d'une guerre à décision rapide, personne n'avait envisagé le Service géographique autrement qu'à titre de fournisseur de cartes. Or ce qui ne devait être qu'une sorte de maison d'édition de documents géographiques devint en outre bientôt, en France, le centre de projection de toutes les lumières propres à révéler, heure par heure, sur un front de 600 kilomètres, à l'artillerie et aux autres armes, les détails des organisations ennemies, et ceux de notre sphère d'action.

Cette innovation, issue des conjonctures inattendues de la guerre moderne, exigeait de nombreux collaborateurs dont l'éducation spéciale vint encore à la charge du Service géographique. Plus de mille officiers, chargés d'interpréter les travaux topographiques et d'en déterminer les éléments de tir, passèrent par les centres d'instruction fondés à Breteuil, à Château-Thierry, à Neufchâteau et à Bettancourt; sans compter les officiers italiens qui vinrent plus tard à notre école du lac de Garde, sur le mont Rival. Enfin le corollaire naturel de ce rôle d'investigateur général voulut que le Service géographique s'occupât de la construction des instruments d'optique. Et comme il ne faisait jamais les choses à demi, il assuma également le contrôle de toutes les branches de leur fabrication.

C'est dans cet ordre d'idées que furent créés de toutes

pièces, par le Service géographique au cours des hostilités :

Aux armées. — Les groupes de canevas de tir;

Les sections topographiques de corps d'armée;

Les sections topographiques de division;

Les sections de repérage par le son;

Les sections de repérage par observations terrestres;

Le centre de perfectionnement des deux services de repérage, à Saint-Jean-sur-Moivre (Marne);

Les écoles d'officiers orienteurs d'artillerie, transportées successivement à Roncourt (Meuse) et à Sézanne (Marne), pour être finalement concentrées à Vendôme. C'est dans ces écoles que furent enseignées les méthodes dues au chef d'escadron Bellot, au capitaine Viviez, au capitaine Broullier et à l'ingénieur-géographe Driencourt. De la fusion de leurs travaux, on obtint le précieux résultat d'exécuter, sur les seules données de la carte, un tir *d'emblée*, c'est-à-dire sans le moindre essai préalable.

A l'intérieur. — Le service de fabrication des instruments d'optique et de leur verrerie;

Le service de fabrication du matériel topographique;

Le service des plans en relief;

Le bureau central météorologique militaire.

On estimera aisément la valeur de l'effort accompli en constatant que, le 2 août 1914, le Service géographique n'était représenté à chaque armée que par deux officiers, qui devaient suffire dans la période du mouvement. Pareille croyance, pareille organisation dans les deux camps, français et allemand. L'erreur était grande, car au jour de l'armistice, de notre côté — et probablement de l'autre aussi — on comptait, sous sa dépendance en moyenne, à chaque armée, jusqu'à 70 officiers et 1.100 sous-officiers ou soldats; au total, chez nous, 450 officiers et 7.000 hommes de troupe, ces derniers presque tous spécialistes. L'énorme augmentation de ce personnel venait de ce que, dans les deux camps, la guerre s'était apprise aux leçons d'un guerre nouvelle où, particulièrement, la puissance défensive des mitrailleuses, voire des fusils à répétition, se révéla à l'improviste.

La guerre de tranchées.

En réalité, l'offensive à outrance fut, au début, la règle des deux belligérants. Ce que nous fîmes à notre droite en attaquant brusquement dans l'Est, l'Allemagne le fit simultanément à sa gauche, courant, à toute vitesse, de Belgique à la Marne. Même audace des deux commandements. La nôtre pourtant moins fougueuse. Elle ne compromettait que notre aile droite, tandis que l'armée allemande, en sa plus grande force, se précipitait, aveuglément et allégrement, dans l'abîme de la Marne.

Après la bataille de la Marne, celle des Flandres n'ayant pas amené la décision, et les fronts respectifs s'étant allongés et amincis, on se préoccupe de les solidifier. Et de la Suisse à la mer du Nord, sur des centaines et des centaines de kilomètres, les adversaires s'abritèrent, s'enfoncèrent dans la terre, cherchant à se rendre invisibles et à suppléer au nombre par des fortifications improvisées. Ici encore il n'y eut rien qui fût plus ordonné d'avance d'un côté que de l'autre. Les Allemands le confessent nettement aujourd'hui. Ils disent : « Si notre Grand État-Major n'a pas accordé à la guerre de position l'importance qu'elle méritait, la faute en incombe à nous tous. Nous n'avions pas prévu que la guerre de position prendrait une telle extension (1). »

La tranchée, ou la fortification passagère sur le terrain, fait partie de l'enseignement du système défensif dans toutes

(1) Général von Kühl, ex-chef d'état-major de la 1re armée, *Le Grand État-Major allemand avant et pendant la guerre mondiale*. Traduction du général Douchy, p. 66.

les écoles militaires du monde. Napoléon a posé en principe « qu'en trois jours , une armée de 20.000 hommes peut sur 4.000 toises (environ 16.000 mètres carrés) remuer tant de terre, creuser de si bons fossés, s'environner de tant de palissades, de pieux, etc., mettre en batterie tant d'artillerie, qu'elle doit être inattaquable dans son camp ».

Et l'on peut dire qu'en cette guerre de 1914, ce sont les Français qui les premiers créèrent des retranchements. Dès le 16 août 1914, le général de Castelnau, soucieux de la défense du Grand Couronné de Nancy, et ayant affaire à un ennemi supérieur en nombre, avait prescrit de faire le plus large emploi de la fortification de campagne, « de remuer de la terre », selon l'expression napoléonienne. Il ne cessait de répéter : « Qu'on s'installe, qu'on s'assoie, qu'on s'organise ! » (1). La vérité est que, imbus également des préceptes napoléoniens, les chefs des deux partis furent conduits à y recourir dans la lutte qui se transformait en une guerre de siège.

C'est alors que le général Bourgeois proposa au général Joffre d'adapter, autant que ce serait possible, à la guerre de position que l'on venait d'inaugurer, les procédés de préparation de tir en usage dans la guerre de siège. A cet effet, et dès le 1er novembre 1914, fut recruté, parmi les officiers du Service géographique et les ingénieurs du Service hydrographique de la marine, ce qu'on a appelé « les groupes de canevas de tir ». Cette dénomination, sans signification exacte par elle-même, se vulgarisa vite sur le front pour désigner ce qui était en fait une succursale du Service géographique. Avant la guerre, on n'entendait par « canevas de tir » que le guide topographique du tir de l'artillerie, plus spécialement, pour le tir indirect, c'est-à-dire sur des objets invisibles qu'ils soient à contre-pente ou dissimulés seulement.

Dès 1908, on avait prévu qu'en cas de siège des places

(1) Victor Giraud, *Revue des Deux Mondes*, du 1er août 1921.

allemandes, et particulièrement de Strasbourg, Metz et Thionville, il serait nécessaire d'adjoindre à chacune de nos armées assiégeantes une équipe d'officiers spécialisés, dont les travaux permettraient à notre tir d'atteindre principalement les batteries d'artillerie et les abris de munitions ennemis, toujours cachés soigneusement. Il appartenait donc à ces officiers de découvrir, par tous moyens optiques et géodésiques ou renseignements oraux, les arcanes de la forteresse, puis de les situer sur une carte amplifiée. On en découpait ensuite la portion qui intéressait chaque chef de batterie.

Des cartes d'Alsace-Lorraine, à grande échelle, très claires, nous n'en manquions pas. Nous nous en étions procuré d'autant plus facilement que l'État-Major allemand en avait autorisé la vente dans le commerce. Ces cartes (au 25.000e) étaient établies à une échelle environ trois fois et demie plus grande que notre unique carte d'état-major (au 80.000e). On pouvait par conséquent y porter, avec beaucoup plus de clarté, les adjonctions utiles au bon fonctionnement du « canevas de tir ».

Pour opérer ailleurs qu'à Strasbourg, Metz et Thionville, nous ne possédions que notre carte d'état-major, bonne sans doute pour tracer ou suivre un itinéraire, mais faible ressource présentement. D'ailleurs, son insuffisance, voire certaines erreurs, avaient été signalées, déjà en 1891, par la Commission centrale des travaux géographiques, laquelle préconisait chaudement une carte, à plus grande échelle, donnant le kilomètre carré sur 25 centimètres carrés (soit au 20.000e).

Pour des raisons d'une politique lamentable, les pouvoirs publics reculèrent devant une dépense globale de vingt millions qui eût largement suffi. Ils n'accordèrent qu'un crédit annuel de 75.000 francs. Avec une telle annuité, il aurait fallu au moins deux cents ans pour achever le travail !

Politique lamentable en effet, car la carte que le budget ne permit pas de réaliser était réclamée non seulement par les chefs militaires, mais avec autant d'instance par les hauts fonctionnaires des administrations civiles. Que ce soit pour les routes, les canaux, les chemins de fer, l'aménagement de forces hydrauliques ou les projets d'irrigations et de drainages, la connaissance parfaite des formes du terrain était de la plus haute importance. Rien qu'en ce qui concerne les chemins de fer, le rapporteur du budget des travaux publics pour 1889 estimait que si, lors du premier tracé des voies ferrées, on avait eu une carte intégrale, on aurait économisé plus d'un milliard, somme fabuleuse à cette époque où l'on n'avait pas encore entendu parler de milliards par centaines, pas même par dizaines.

Donc, en 1914, notre approvisionnement général se bornait à la carte d'état-major, sauf pour les endroits que les infimes crédits avaient permis de relever. C'étaient les environs de Dunkerque, Lille, Maubeuge, Mézières, Nancy, Épinal, Langres, Laon et Paris. En d'autres termes, pour toute la région qui s'étend en longueur de Saint-Omer à Bar-le-Duc, et en hauteur de Givet à Meaux, englobant Amiens, Arras et Châlons, aucun travail cartographique à grande échelle n'avait été fait. Autant dire que cette lacune affectait la majeure partie des pays déjà envahis, ceux où il faudrait bien combattre un jour.

L'urgence de remédier à cette situation déplorable, pleine d'anxiété pour le commandement, s'accusa encore davantage quand le général Joffre, en son quartier général de Romilly-sur-Seine, eut adhéré aux propositions du général Bourgeois et lui eut confié pleins pouvoirs pour introduire sans retard, dans la guerre de position, les méthodes d'artillerie de la guerre de siège.

L'ordre était donné. L'homme était là pour l'exécuter, c'était parfait. Mais tout de suite se dressa l'objection que l'alpha de cette nouvelle organisation était indispensablement de posséder les éléments primordiaux qui sont à la base du travail géographique : clochers, tourelles, arbres isolés, hautes cheminées, etc... Comment, à défaut de la carte à grande échelle, en vain réclamée depuis 1891, se procurer ces repères fondamentaux qu'elle aurait donnés?

On n'ignorait pas que nombre de ces repères figuraient sur les plans cadastraux de la France. Malheureusement les plus désirables se trouvaient sequestrés maintenant par l'invasion aux chefs-lieux de département, conservateurs ordinaires de ces documents. Impossible de songer à les y chercher.

On en était là, lorsque le directeur du Service géographique se rappela que des copies du cadastre sommeillaient depuis longtemps dans les archives de la rue de Grenelle. Mais ces plans cadastraux, commencés en 1817, terminés vers 1850, avaient été levés par communes séparées sans qu'on les eût jamais assemblés, soudés, rapprochés. Sans la circonstance actuelle, ils auraient sans doute continué à jaunir, à s'effriter dans le tas des antiques inutilités. Certes, à tous égards, ils étaient loin de la perfection désirable. En premier lieu et pour cause, les chemins de fer n'y étaient pas marqués. Néanmoins, ils accusaient un nombre considérable de repères : les routes avec leurs intersections qui n'avaient pas changé, et précieux, très précieux jalons, les positions très exactes des maisons dans les villages, et, en particulier, des églises, des écoles sur lesquelles existent le plus souvent des clochetons. Ces éléments, relevés autrefois, minutieusement, par des géomètres consciencieux, allaient servir de base solide au travail de la photographie aérienne. La collaboration de celle-ci fut ni plus ni moins que décisive en cette occasion. Parmi les clichés, rapportés d'une région par les aviateurs, on choisissait le meilleur qu'on agrandissait à la mesure précise du fragment correspondant du cadastre. Alors, prenant pour guides les repères communs aux deux images, on avait, avec tous les détails intermédiaires révélés par l'objectif, un véritable et complet levé topographique.

La possibilité de dresser, à grande échelle, une carte des contrées envahies n'est pas la moindre de ces chances heureuses dont l'histoire de la guerre offre plusieurs exemples en faveur de la France.

Il est difficile en effet de s'imaginer à quelles erreurs, à quels retards nos armées auraient pu être exposées sans le secours permanent de la carte à 25 centimètres carrés pour un kilomètre carré. Alors que jadis on n'en voyait guère l'emploi que pour le réglage du tir de l'artillerie de siège, la tournure des opérations démontra son utilité pour d'autres armes.

D'abord, l'artillerie de campagne la demanda afin de régler exactement ses tirs de destruction des ouvrages ennemis et ses bombardements des routes propices aux convois de munitions et de ravitaillement des Allemands.

A son tour, l'infanterie réclama bientôt et avec insistance, des cartes très lisibles lui permettant de connaître, en tous ses détails, le terrain qu'elle occupe et celui qui sera le théâtre de ses prochaines attaques. Dans le premier cas, il s'agit, avant tout, de déterminer le tracé le plus rationnel de la tranchée principale, ou plutôt de la tranchée-mère du dédale de boyaux et de tranchées communicants, qui seront creusés successivement. Pour diriger avec sûreté ce chantier de terrassement, il faut nécessairement un plan intelligible et complet. Dans le second cas, l'infanterie doit préalablement être fixée sur la valeur des obstacles et des appuis qu'elle est susceptible de rencontrer. Le moindre bouquet d'arbres, le plus humble ruisseau, un épaulement quelconque, la plus chétive taupinière, sans parler des réseaux de fils de fer, ni des blockhaus de mitrailleuses, peuvent les uns faciliter, les autres gêner l'attaque.

Véritable labyrinthe d'écueils mortels, les positions ennemies devaient, on peut le dire sans exagération, être sondées mètre par mètre, car c'est pied à pied qu'on se disputait le sol, comme par exemple à l'Hartmannswillerkopf où, dans l'été de 1916, les opérations, avec des alternatives d'avance et de recul, durèrent trois mois sur un front de trois kilomètres !

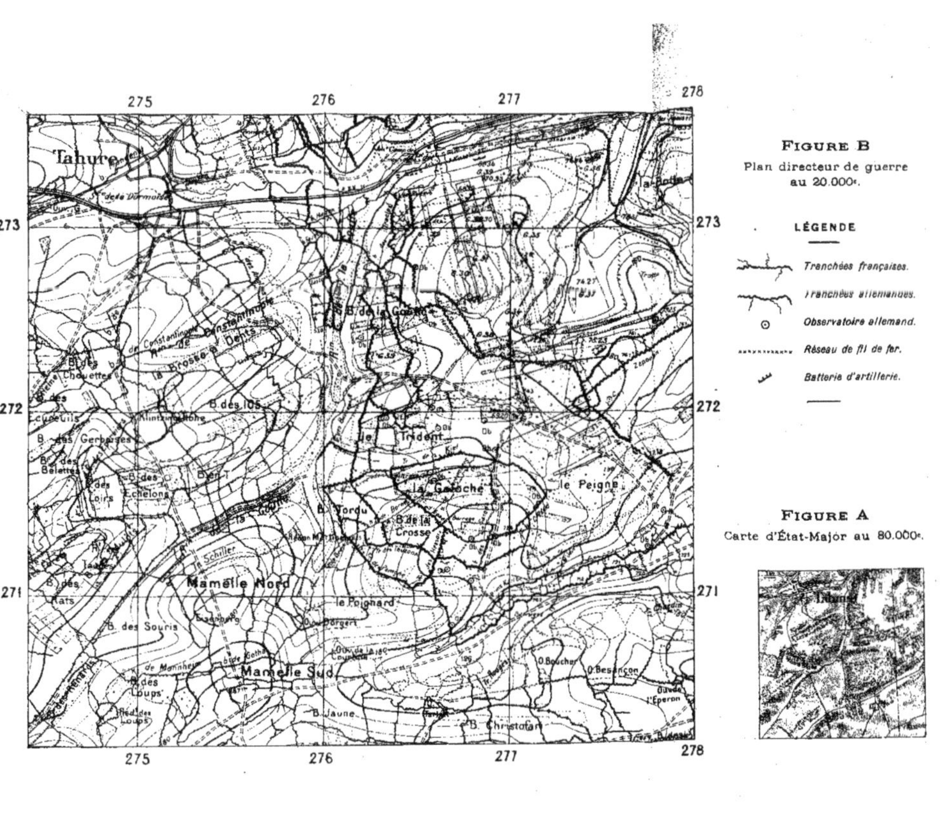

FIGURE B
Plan directeur de guerre au 20.000ᵉ.

FIGURE A
Carte d'État-Major au 80.000ᵉ.

En ces luttes où la parcelle était de réelle importance, tous les gradés, même le chef de demi-section parfois illettré, jouaient un rôle personnel. Dans l'exécution fréquente des coups de main, une correspondance continue s'échangeait avec l'arrière. Pour que tout le monde se comprît dans les ordres et rapports qui s'entrecroisaient, il fallait, des deux côtés, un graphique similaire et lumineux d'où se détachassent, nettement, les noms donnés arbitrairement aux points qui intéressaient la tactique.

En tout sens, mais très distinctes, s'éparpillaient des dénominations dont chacune ne relevait que de la fantaisie du premier qui l'avait écrite. Il y avait, par exemple, le bois en V; le bois en T; le bois en U; le bois Sabot; le Trapèze; le ravin de la Mort; la tranchée des Bébés; celle du Turkestan; les boyaux de Hongrie; du Casque; des Valkyries; et d'autres qui eurent leur moment de tragique célébrité. Des arbres mêmes bénéficièrent d'un état civil. Seuls, les réseaux de fils de fer n'eurent point les honneurs du baptême. On se bornait à indiquer leurs sinuosités se déroulant en certains endroits sur neuf lignes et plus. Cette défense massive dépasse quelque peu les limites de la prudence. Elle témoigne, chez notre adversaire, plutôt une inquiétude jamais apaisée qu'une grande confiance dans ses moyens de résistance.

Les figures ci-contre A et B représentent dans leurs cadres le même espace de terrain.

A) au 80.000e, c'est-à-dire 1 centimètre et demi carré pour un kilomètre carré, sur la carte d'état-major, la seule carte de mobilisation que nous possédions en 1914;

B) au 20.000e, c'est-à-dire 25 centimètres carrés pour 1 kilomètre carré, sur le plan directeur de guerre (ou nouvelle carte) qui, du jour de son apparition, fut d'un emploi constant, et donna, durant toute la campagne, satisfaction complète aux états-majors, aux artilleurs et aux autres armes.

Un simple coup d'œil suffit pour voir que, sous peine de

créer l'indéchiffrable, on ne pouvait reporter en A toutes les indications données par le plan directeur B, qui mérite à tous les égards le nom de vraie carte, de carte technique par excellence.

En outre, lorsque les défenses allemandes se multiplièrent davantage, on établit une carte seize fois plus grande encore que B. Cet agrandissement a permis de montrer, de la façon la plus claire, l'ensemble de l'organisation ennemie jusqu'en ses moindres détails : mitrailleuses, lance-mines, réseaux de fils de fer, chevaux de frise, lignes téléphoniques, chemins de fer à voie étroite, postes de commandement d'officiers de tous grades, abris, tranchées et boyaux de toute importance. On comprend de quelle valeur était, au moment d'une attaque d'infanterie, ce document grâce auquel notre plus jeune aspirant ou l'humble sergent en savait presque autant que le Grand Quartier général allemand.

Quelque diligence que l'on apportât à mettre en œuvre les matériaux recueillis de tous côtés : au cadastre, aux bureaux des compagnies de chemins de fer et des compagnies des mines du Nord, aux services des Eaux et Forêts, des Ponts et Chaussées, ce n'est que vers septembre 1915, au moment de notre offensive de Champagne, que commencèrent à être répandus sur le front des *plans directeurs* parfaits.

C'est que, malgré tout le zèle déployé, on avait rencontré des difficultés qu'on ne pouvait tourner. Le classement méthodique des éléments venus de part et d'autre, leur ajustement et la construction de la carte constituaient déjà une besogne délicate et longue. Ensuite, le plan une fois dressé, il fallut organiser un service de mise à jour ; car chez nous comme chez l'ennemi, les emplacements de troupes avec leurs ouvrages défensifs se modifiaient à tout instant sous la pression adverse. Il importait de les noter sur la carte.

A cet effet, furent installés, auprès de chaque corps d'armée, des offices de reproduction qui fournissaient journellement les graphiques rectificatifs à transcrire au plan directeur. Ces rectifications comprenaient les observations nouvelles reçues de toutes parts, principalement du service aéronautique. Celui-ci, pour la seule bataille qui nous rendit maîtres du Mort-Homme et de la cote 304, ne donna pas moins de 5.680 clichés photographiques, en août et septembre 1917.

Avec son activité ordinaire, le Service géographique parvint à livrer les quantités suivantes de plans directeurs : en 1914, 300; en 1915, 913.000; en 1916, 3.507.000; en 1917, 4.427.000; en 1918, 4.460.000. Ce résultat étonnant par lui-même le devient plus encore si l'on songe que rien de ce qui était relatif à une extension du « canevas de tir » n'avait été envisagé en temps de paix.

Il n'existait nulle part de personnel préparé à ce genre de travail. Il fallut prélever, dans les corps, un par un, les militaires que leurs occupations dans la vie civile rattachaient, plus ou moins étroitement, aux arts du dessin et de la topographie. Une excellente source de recrutement se trouva parmi les architectes et les géomètres. Un certain contingent provint aussi des dessinateurs industriels dans tous les genres : mécanique, étoffes, broderies ou dentelles. Dans le nombre, se rencontrèrent même des artistes peintres et des sculpteurs, dont quelques-uns étaient des prix de Rome. Ces collaborateurs, venus de toutes les branches de l'art et de l'industrie, se distinguèrent par une extrême bonne volonté, sans laquelle on n'aurait pu aboutir, car tout était nouveau en cette affaire, pour les chefs comme pour les subordonnés.

Déchiffrer un cliché obtenu en avion, y déceler les batteries, les abris de munitions, chose difficile en soi, le devenait chaque jour davantage en raison de ce que le camouflage se perfectionnait par des procédés de plus en plus ingénieux. Parmi des organisations qu'on s'était efforcé à construire sensiblement pareilles, quelles étaient les vraies? quelles étaient les fausses? Pour répondre à ces questions, pas de méthode connue. Les clichés n'étaient jamais bons.

L'image qui aurait dû être prise verticalement s'était fixée au hasard des mouvements irréguliers de l'avion. Elle s'offrait confuse, baroque, le plus souvent déformée, surtout quand le pays était accidenté. Pour discerner la vérité dans l'infinie variété des imperfections photographiques, on ne pouvait compter que sur une longue habitude servie par une sorte de sens divinatoire.

Ce labeur compliqué s'ajoutait aux autres soins déjà dévolus aux rudimentaires « canevas de tir » du début. L'appellation « Groupes de canevas de tir » s'appliquait aujourd'hui à de grands établissements composés de bureaux, d'ateliers, de laboratoires, et de vastes magasins où se distribuaient cartes, boussoles, instruments de mesure et d'optique de toutes sortes. Parfois il y avait en outre un train d'imprimerie composé de quinze wagons, avec les presses mécaniques, les ateliers de photographie et d'héliogravure. Nous en avions même un à Vicence (Italie) dirigé par un imprimeur de Toulouse.

A toute heure, coup sur coup, arrivaient les décisions du commandement, les photographies de l'aéronautique, les renseignements recueillis de l'interrogatoire des prisonniers et des espions. Observer les premières, éclaircir les autres, cribler le reste et ensuite mettre au point le plan directeur du lendemain, c'était un travail ininterrompu de jour et de nuit.

Nos alliés belges, anglais, italiens adoptèrent une organisation analogue à la nôtre, dès qu'ils eurent constaté les services énormes rendus par notre manière de traiter l'exploitation du plan directeur. Quant à l'armée américaine, elle s'est mise modestement, et avec la meilleure grâce du monde, à l'école chez nous. Son personnel géographique fut instruit au camp de Valdahon (Doubs).

Les Allemands eux-mêmes instituèrent des plans-directeurs similaires aux nôtres après nous en avoir pris. Autant qu'ils le purent, ils nous copièrent littéralement. Dans le délai de deux mois, on était presque certain de retrouver sur leurs plans, comme dans leurs règlements, les modifications et améliorations successives que nous avions apportées aux nôtres.

Les nombreuses tâches des « canevas de tir », que nous avons à peine esquissées, auraient suffi largement à absorber tous leurs soins. Elles ne les empêchèrent cependant pas de remplir leur rôle essentiel, plus compliqué que jamais, qui consistait à dresser des plans prévoyant toutes les hypothèses d'assaut et de sauvegarde. En un mot, les « canevas de tir » ont subi la loi d'évolution générale qui s'est imposée, durant la guerre, à tous les organes de la défense nationale. Rien, pour ainsi dire, des méthodes antérieures ne subsistait plus.

***

Autrefois, les belligérants allaient à la rencontre l'un de l'autre. Dès qu'ils s'apercevaient, la lutte s'engageait et se continuait presque de jour en jour. Ainsi voyons-nous la campagne de 1805 commencer, le 7 octobre, à Donawerth, et se terminer à Austerlitz, le 2 décembre, après cinquante batailles ou combats importants livrés en cinquante-six jours sur les fronts allemands et italiens.

Aujourd'hui, il ne peut plus être question d'en venir aux mains si fréquemment. Les armes à longue portée, les découvertes modernes ont tout changé. Après un premier choc avec l'armée d'invasion, celle-ci est arrêtée par la barrière du front. Son objectif sera, désormais, de choisir l'endroit où afflueront 500.000 hommes ou plus, destinés à opérer une trouée et à menacer d'enveloppement son adversaire. Ce dernier, fortement éprouvé, acculé à une retraite désordonnée — on s'en flatte du moins — sera contraint d'implorer la paix.

Toutefois, avant de précipiter, en une marche convergente, des effectifs aussi nombreux et forcément disséminés, il faut les instruire spécialement, fixer les emplacements, calculer les horaires à la minute près, autant pour les troupes, que pour les multiples services qui les accompagnent indispensablement. Il faut enfin, par des essais partiels, s'assurer du bon fonctionnement de ce mécanisme délicat. Cela demande plusieurs mois, surtout quand il s'agit de dissimuler la manœuvre.

Dans les deux camps opposés, être prêt, partout et toujours, à faire échouer les tentatives audacieuses; être prêt également à une riposte victorieuse, c'est la double préoccupation du commandement de chacun des grands secteurs du front, car ils sont tous en péril. Aussitôt que se dessine cette sorte de stabilité des armées, commence à se déployer l'activité des « groupes de canevas de tir » qu'on pourrait plus justement appeler des centres d'études techniques. Leurs travaux gouvernent en réalité les opérations de guerre, comme ceux de l'architecte régissent les différentes parties de la construction. On aura une notion de la besogne considérable des « canevas de tir » si l'on prend pour exemple ce qu'ils firent, en 1918, à la 4e armée, commandée par le général Gouraud.

Grâce aux soins attentifs des « canevas de tir », la 4e armée était, à partir de 1916, dotée d'une cartographie très complète. Si l'on s'était contenté de la carte à l'échelle du 80.000e, il est fort douteux qu'on aurait bénéficié, particulièrement en 1918, des résultats dont on appréciera plus loin la valeur.

A la fin de 1917, le général Pétain, commandant en chef des armées françaises, avait acquis la conviction que, profitant de la révolution russe, les Allemands attaqueraient le front français, et chercheraient à obtenir la décision de la guerre, avant que les Américains aient eu le temps de nous apporter tout leur concours. C'est alors qu'envisageant la nouvelle méthode d'offensive, inaugurée par les Allemands à Riga, le général Pétain eut, lui aussi, la conception d'une nouvelle tactique défensive qui serait, en même temps, propice à une contre-offensive immédiate.

En janvier 1918, il se rendit à Saint-Memmie où il exposa lui-même au général Gouraud les grandes lignes de ce plan, dont les événements ratifièrent la justesse et l'intelligence : on ne s'acharnerait plus à défendre, quoi qu'il en coutât, sous le déluge du bombardement ennemi, la position de première ligne. On n'y laisserait que des éléments légers pour surveiller l'agresseur et ralentir sa marche. Subséquemment, on ferait discrètement choix d'une position de résistance en arrière, à une distance calculée pour échapper au gros du bombardement, et sur cette position l'armée aurait à briser l'attaque, au prix même des plus grands sacrifices.

Sans perdre un instant, sous l'impulsion vigilante et infatigable de son chef, la 4e armée se mit à l'ouvrage nécessairement long et minutieux de remanier entièrement son système défensif, et de l'adapter à la réalisation d'une tactique inusitée.

Les « canevas de tir » se mirent aussitôt à l'œuvre. En plus de leurs propres travaux, ils durent participer à ceux d'autres services. Quelques traits de ce labeur considérable n'en donneront qu'une faible idée :

Plan des travaux pour améliorer la deuxième position;

Plan des liaisons téléphoniques;

Plan de renforcement;

Plan de retraite de la première ligne;

Organisation d'une troisième position;

Situation des observatoires d'artillerie;

Mise en place des mines contre les tanks;

Emplacement des batteries de la deuxième position;

Organisation des zones de combat des différents corps d'armée;

Installation des troupes sur le terrain;

Organisation des batteries muettes et condition de leur entrée en action.

Cette nomenclature s'allonge naturellement des combinaisons pour l'aménagement favorable, à l'arrière, des réserves d'hommes, de munitions, de vivres, etc...

Un plan d'une telle envergure, avec les précisions et les précautions qu'il comporte, ne peut pas plus s'improviser chez nous qu'ailleurs. Tant que l'urgence n'existe pas, on a relativement le temps de tourner les difficultés. Mais s'imagine-t-on quelle dépense d'activité eurent à faire les « canevas de tir » lorsque, au mois d'avril, sous la menace grondante de l'ennemi, il fallut transposer nos organisations, sur une étendue de 50 à 60 kilomètres? Travail énorme, doublé par la nécessité de faire vite et le moins ostensiblement possible.

Le plan topographique achevé pour une unité, il fallait se rendre sur place, pour s'assurer qu'on avait bien compris le changement ordonné par le commandement de la 4e armée. Celui-ci, instruit par ce qui venait de se passer au cours de l'attaque du 21 mars, sur le front anglais, et du 27 mai au Chemin des Dames, avait décidé de placer la position de résistance à mi-distance en arrière de la première ligne. Il y voyait l'avantage de couvrir entièrement son artillerie, tout en lui laissant la faculté d'agir efficacement sur l'ennemi.

Toutefois, on ne saurait passer sous silence que tous ces préliminaires, si savamment conçus, si exactement accomplis fussent-ils, seraient vains si, à tous les degrés de la hiérarchie, une armée ne partageait pas la confiance de son chef dans les moyens dont elle dispose. Sa certitude de vaincre, si chacun en a le vouloir, le général Gouraud, véritable pèlerin de la victoire, l'a personnellement propagée, même dans le plus petit réduit, entonnoir ou épaulement défendu souvent par une simple escouade. De ces visites impressionnantes pour des subordonnés, il résultera qu'au moment de l'action, le grand chef sera présent, dans toutes les imaginations avec sa parole familièrement persuasive avec sa foi ardente dans le salut de la France (1).

---

(1) Sur l'organisation de la 4e armée, voir le journal *L'horizon* numéro de novembre 1925.

Ainsi, sous tous rapports, se trouvait appliqué le précepte du maître de la guerre : « Une armée, a dit Napoléon, doit être, tous les jours, toutes les nuits et à toute heure, prête à opposer toute la résistance dont elle est capable. » Le commandant de la 4e armée attendait donc avec calme l'heure suprême où la voix du devoir refoule tous les autres sentiments du cœur humain, l'heure de jeter, dans une mêlée meurtrière, des centaines de mille hommes.

Cet instant fatal s'annonça imminent aux premiers jours de juillet. Les photographies aériennes, prises parfois à 5.000 ou 6.000 mètres d'altitude, rapportaient les indices d'une attaque prochaine. On remarquait, progressivement, de nouveaux tronçons de voies ferrées, des routes de création récente, et des emplacements aménagés pour recevoir de l'artillerie. On suivait heure par heure, pour ainsi dire, la fièvre d'activité qui régnait dans les lignes allemandes. A partir du 5 juillet, on observait que, journellement, s'augmentaient et se garnissaient les postes réservés aux *minenwerfer*, que se remplissaient des trous de munitions, disséminés de tous côtés. On put même distinguer nettement des canons en plein champ, des tas d'obus, accumulés dans les tranchées et boyaux de première ligne du front ennemi. Dans le même temps, s'accusait une animation intense dans les gares et sur les voies ferrées de l'arrière.

Aux inestimables documents fournis par les reconnaissances d'aviation s'ajoutaient les renseignements émanant de nos espions, et des prisonniers capturés par nos patrouilles quotidiennes. Les dires des uns et des autres dénonçaient, chez l'ennemi, sur tout son front et en profondeur, les mouvements précurseurs d'un grand branle-bas de combat. Plus de doute possible, les Allemands préparent une offensive, encore perfectionnée, du genre de celles qui ont si bien réussi à Riga, à Caporetto et naguère au Chemin des Dames.

De l'ensemble des interrogatoires des prisonniers, il résultait qu'un enthousiasme indicible régnait dans le camp allemand. Du simple soldat au généralissime, tous, ivres de la même frénésie, étaient convaincus qu'avec le renfort des effectifs, maintenant libérés de Russie et de Galicie, ils allaient en finir d'un coup en déchaînant une tempête d'extermination par la terreur, la mitraille et l'asphyxie. Cela s'appelait, en leur langue, le *Friedensturm*, littéralement l'ouragan de la paix. Paix allemande, paix glorieuse !... Dans leur esprit, le colossal de cette entreprise en assurait le succès. Il ne resterait rien des Français surpris, écrasés ou dispersés. Et c'était, par Châlons et Epernay, la route grande ouverte sur Paris......enfin ! (1).

Tous les Parisiens se rappellent que, le 14 juillet 1918, aux approches de minuit, l'horizon s'embrasa d'une rougeur sinistre. On eût dit d'un enfer vomissant ses flammes par un cratère immense. La stupeur s'augmentait du bruit sourd de lointaines explosions et, à ce spectacle saisissant, on avait, en majorité, le sentiment que les Allemands déployaient, à l'Est, une attaque formidable.

C'était le contraire!

La 4e armée avait prévenu une agression allemande.

Il n'est pas rare que la chance des batailles envoie, à celui qu'elle a élu, un messager de la victoire. Dans la soirée, à 20 heures, un modeste lieutenant, ayant exécuté un coup de main, ramenait au quartier général français vingt-sept prisonniers. C'était une magnifique aubaine, car des témoignages isolés de vingt-sept hommes, on est à peu près sûr de recueillir la vérité. Or on apprit, de façon indubitable, que l'attaque allemande allait commencer à 0h 10 par un bombardement intense.

A cette révélation, pour ainsi dire providentielle, le général Gouraud comprend que l'heure du grand devoir est venue. Il a vite pris son parti : c'est lui qui jettera, dans les rangs ennemis prêts à s'élancer, la surprise qu'on entendait lui infliger.

---

(1) Erich LUDENDORFF, *Souvenirs de guerre*, T. II, p. 284 et suivantes.

Sur-le-champ, l'alerte est donnée par télégraphe, par téléphone, par tous les moyens d'avertissement possibles, et l'heure de notre contre-préparation d'artillerie est fixée à 23h 30.

A la minute prescrite — chef-d'œuvre du travail des « canevas de tir » — deux cents batteries d'artillerie, totalement ignorées de l'ennemi, ouvraient le feu, lançaient avec rage et sans discontinuité, une effroyable densité de projectiles. Afin de garder le secret, pas un coup de canon de réglage n'avait été tiré, et, cependant, les obus de tous calibres tombaient en plein, avec une précision prodigieuse, dans les rassemblements ennemis, constitués au prix de longs mois d'efforts. Autant qu'ils le purent, dans la bagarre, les Allemands mirent en action, sans résultat appréciable, leurs centaines de bouches à feu dont le tir était réglé sur la 1re position évacuée, par nous, depuis longtemps.

Dans la nuit profonde, on n'entendait confusément, du camp français, que des cris douloureux et des bruits de bousculades de canons et d'équipages. A l'aube naissante, au-dessus des épis dorés de ce temps de juillet, les crêtes apparurent ondulantes de masses noires. C'était, à travers le désarroi causé par notre terrible bombardement, le développement régulier de la fameuse offensive allemande. On n'avait pu l'arrêter, car il est impossible, sous peine de catastrophe certaine, d'enrayer une grande attaque lorsqu'elle est déclanchée. Impossible même qu'un régiment fasse demi-tour, pressé, poussé en avant qu'il est par les renforts incessants qui obéissent automatiquement à leur ordre de combat.

Alors, devant ces troupes découvertes, dévalant de tous côtés, se réveilla, enthousiaste, la furie française. Depuis quatre ans, depuis la bataille de la Marne, nos batteries n'avaient pu tirer que sur un ennemi invisible. Aujourd'hui, on les voyait ces redoutables adversaires. Nos artilleurs, surexcités encore par le souffle de victoire qui passait dans nos rangs, les accueillaient par des rafales meurtrières.

Partis ce matin en conquérants, les Allemands ne se ruaient plus maintenant qu'à la mort. Ils s'abattaient, ils roulaient dans les herbes roussies. Sur ces pentes sanglantes s'écroulait avec eux l'Empire allemand. En fin de journée, effectivement, l'armée ennemie dut reconnaître qu'elle avait reçu ce qu'en hippologie on appelle le coup de caveçon, c'est-à-dire la secousse qui brise la résistance.

Le repérage par le son.

Ne connaissant pas de limites à ses ressources d'activité, le Service géographique n'avait pas hésité à se charger d'une nouvelle et très importante organisation, celle du repérage par le son. Le problème du repérage par le son se posa presque à l'instant où partit du côté de l'ennemi, en 1914, le premier coup d'un canon invisible. Répondre au canon par le canon, contre-battre les pièces qui répandent la dévastation et la mort dans les lignes, abris ou cantonnements, et qui entravent la circulation sur les routes, c'est un des rôles essentiels de l'artillerie. Les systèmes d'information ordinaires : la fumée de départ pendant le jour, la flamme de décharge dans la nuit, les recherches optiques terrestres ou aériennes sont de précieux guides de riposte. Mais le temps s'opposait souvent à ces genres d'investigation. Le brouillard, la pluie, la neige paralysaient l'aviation et l'observation visuelle. Tenant compte des installations et des versants inapercevables, on peut énoncer comme axiome qu'en matière d'artillerie on entend mieux qu'on ne voit.

Dès l'ouverture des hostilités, nombre de physiciens se préoccupèrent de déceler, par l'audition du coup de canon, les batteries d'artillerie dissimulées par des accidents de terrain, ou rendues invisibles par des moyens artificiels.

Théoriquement le problème est assez simple. Il repose sur la vitesse du son. Celui-ci, parcourant 340 mètres par seconde, sera toujours perçu à des temps différents, par des écouteurs qu'on aurait postés séparément, par exemple, à Montmartre, à Grenelle et à Ville-d'Avray. Si dans ce cas, le premier a entendu la détonation à midi juste, il est certain que le deuxième, vu son éloignement, la recevra à midi trois secondes, et le troisième à midi huit secondes. Prenant pour base ces écarts d'audition qui valent des mètres ou des kilomètres, et s'appuyant sur le tracé géométrique de deux hyperboles, tout mathématicien déterminera sans peine la position de la pièce qui a tiré. Solution théorique facile, et connue d'ailleurs, depuis longtemps, mais qu'il s'agissait de transporter dans la pratique.

Cela présentait d'assez sérieuses difficultés. Cependant, dès le 20 septembre 1914, le ministère de la Guerre, alors à Bordeaux, reçut de M. Esclangon, de l'Université de cette ville, un mémoire très complet, spécifiant en embryon la plupart, on peut même dire presque tous les perfectionnements qui ont donné, par la suite, les meilleurs résultats auxquels on soit arrivé. Ce travail ne retint pas l'attention des bureaux du ministère...

Plus heureux fut, à la même époque, M. Charles Nordmann, astronome de l'Observatoire de Paris, que le hasard de la mobilisation avait amené sous les ordres du colonel d'artillerie Nivelle, futur commandant en chef. Le brigadier Nordmann, promu successivement maréchal des logis, puis sous-lieutenant, exposa au colonel Nivelle le plan d'un appareil de repérage par le son. Sa conception peut, en termes vulgaires, se résumer ainsi : tout le monde a vu, dans les bureaux de poste, le télégraphiste frapper, sur le bouton d'une patte articulée, des coups qui impriment des signes sur un ruban de papier; supposez que ce ruban soit divisé en secondes, le coup tapé par un observateur ou un écouteur se marquera sur l'une de ces divisions. Tels sont les rudiments dont s'est servi le brigadier Nordmann pour construire un appareil composé d'une pendule à secondes, en connexion électrique avec un chronographe actionnant des plumes ou aiguilles enregistreuses; celles-ci pointeront sur le ruban l'instant exact de la perception à chaque poste d'écoute. Ces éléments deviennent les facteurs principaux de la détermination du point de départ du son.

Frappé de l'importance et de la simplicité de ce procédé, le colonel Nivelle envoya à Paris, en octobre 1914, le brigadier Nordmann entretenir de la question M. Paul Painlevé, alors président de la Commission des inventions de la guerre. M. Paul Painlevé, professeur à la Faculté des Sciences, professeur à l'École Polytechnique, membre de l'Académie des Sciences, président du Conseil du Conservatoire des Arts et Métiers, était certainement l'homme de France le plus qualifié pour diriger les travaux de la Commission des inventions. L'incontestable autorité scientifique de M. Paul Painlevé était encore relevée par son influence politique qui, en maintes circonstances, au cours de la guerre, assura la prompte réalisation des conceptions de nos savants.

D'un coup d'œil, M. Paul Painlevé saisit la valeur des idées du brigadier Nordmann, et l'urgence d'en faire une expérience pratique, d'où sortirait peut-être la solution du problème qui angoissait, à juste titre, les combattants. Sans perdre une minute, M. Paul Painlevé adressa son interlocuteur au général Galliéni, en lui demandant de donner au brigadier d'artillerie Charles Nordmann, les moyens d'expérimenter son système de repérage par le son. En quatre jours, grâce à l'appui vigilant de M. Paul Painlevé, M. Charles Nordmann avait mis en œuvre sa méthode de repérage et déterminait exactement les emplacements de quelques batteries tirant à blanc aux environs de Paris.

La rumeur de ces expériences parcourut-elle le monde scientifique, ou l'idée était-elle déjà née spontanément dans les cerveaux qui, tous, n'aspiraient qu'à seconder les efforts de la défense nationale ? Toujours est-il qu'en ces premiers jours d'octobre 1914, on apprit que le problème du repérage par le son était étudié par une légion de savants. Parmi ceux-ci se placent, en première ligne, M. Driencourt, ingénieur hydrographe en chef de la marine et le colonel Ferrié, directeur de la télégraphie sans fil, lesquels, au moment même de la présence de M. Charles Nordmann à Paris, soumirent ensemble au général Bourgeois, un système un peu différent.

A côté de ces deux collaborateurs occasionnels du Service géographique, il faut se borner à citer : MM. Esclangon, Cels, Georges Claude, Pierre Weiss, J. Hadamard, Preux, Cotton et Dufour, ces derniers, maîtres de conférences à l'École normale supérieure, l'abbé Rousselot, chef de laboratoire au collège de France, Émile Borel, sous directeur de l'École normale supérieure, Abraham, professeur à la Sorbonne, le capitaine Rougier, et au nombre de nos amis, imbus également de notre idéal, M. Bull, physicien anglais, attaché à l'Institut Marey. Ce fut une fièvre d'activité dans les laboratoires et en plein air. Les uns demandaient au gouvernement de Paris qu'on tirât pour eux aussi des coups de canon à blanc ; d'autres s'évertuaient à faire des essais ingénieux, tel M. Dufour qui, impatient de vérifier ses calculs, observait, dans les dépendances de l'École normale, rue d'Ulm, les battements d'une grosse caisse.

Par ordre du ministre, toutes ces études étaient centralisées au Service géographique de l'armée, sous la direction éclairée de M. Driencourt. La question était suffisamment au point pour qu'au début de 1915, le général Bourgeois fût chargé d'organiser, sur le front, des sections de repérage par le son, avec le matériel Nordmann modifié qui donna des résultats, sinon parfaits, du moins fort appréciables. Une première modification y avait été apportée par la suppression des hommes écouteurs, dont l'ouïe peut être plus ou moins sensible, les mouvements plus ou moins vifs, facteurs importants lorsqu'il s'agit de fractions de seconde.

Des microphones récepteurs et transmetteurs automatiques remplacèrent l'oreille humaine. A côté du système Nordmann modifié, on employa les dispositifs Dufour, Bull et Cotton-Weiss, comportant des variantes d'acoustique ou d'adjonction photographique. Donc quatre systèmes à peu près égaux dans leurs effets étaient exploités. Ils permirent de réduire au silence nombre de bouches à feu invisibles.

Cependant, on acquit bientôt la certitude que parfois des détonations, accusées par le microphone, ne se rapportaient, ne pouvaient se rapporter à rien. Quelque effort que l'on fît pour le contre-battre, le tir ennemi continuait régulier comme en pleine quiétude. Et pourtant, par la même méthode, on touchait le but en d'autres points. A quelle cause faire remonter ce mélange de vraies ou fausses indications ?

Diverses équipes de savants (MM. Hadamard, Émile Borel, Cotton, Weiss, Preux, Dufour) s''attachèrent à l'analyse de ce phénomène déconcertant. C'était une œuvre autrement ardue que la réalisation de l'idée primitive, familière en théorie à tous les physiciens. Néanmoins la science triompha bientôt de la difficulté. Elle démontra qu'en un réel combat, la situation n'était pas la même que dans les essais de tir à blanc. Dans ce dernier cas, on n'avait que le bruit de l'explosion de la poudre à la bouche du canon, tandis que lorsque la pièce lance un projectile, on a deux détonations : celle de la poudre et celle du projectile qui déchire les airs. Il en résulte que dans le cas d'un tir à projection rapide, supérieure à 340 mètres par seconde (vitesse du son), toujours l'obus court en avant du son qu'il a produit au sortir du canon. Or, ainsi que la proue d'un navire en marche fend et déplace bruyamment les eaux, l'obus fraye sa route dans l'espace avec un fracas qui va devançant le bruit de la décharge de la pièce. Ce phénomène a reçu le nom d'*onde de choc*. Son origine étant connue, comment éviter la confusion ? Comment différencier, à l'audition, le coup d'onde de choc du coup de détonation ?

Par des études qui leur font grand honneur, nos savants mirent en évidence le contraste existant entre les deux ondes. La première, celle de choc, se dessine en une seule ligne courbe, genre de vague unique; et la deuxième, celle de détonation, en une série de festons allongés. Ceci trouvé, les spécialistes du récepteur central eurent la faculté d'éliminer les bruits parasites dénoncés, sur la bande enregistreuse, par des sortes de triangles séparés.

Si, par cette amélioration considérable, la méthode avait atteint son plein rendement, cela ne veut cependant pas dire qu'on possédait le repérage absolu de toute pièce en activité. Diverses anicroches compliquaient encore fréquemment la tâche de nos observateurs. L'adversaire, sachant qu'il est guetté, s'ingénie à dérouter les recherches. Son meilleur moyen est de couvrir de rafales perdues la voix du canon qu'il tient à garder secret. La multiplicité des ondes sonores produit alors un emmêlement quasi indéchiffrable des signaux. Toutefois, l'habitude et la patience parviendront à dégager la vérité parmi les troubles artificiels, comme elles feront état des altérations causées par les ravins, les collines, les bois, le vent et la neige.

Regardant du côté des Allemands, on remarque qu'en ce qui concerne nos méthodes scientifiques de repérage par le son, ils étaient fort en retard sur nous. Qu'ils en aient eu l'intuition plus ou moins confuse, c'est possible, même probable. Nous n'en savons rien. Mais la certitude est que nous ne découvrîmes, chez eux, l'existence de sections de repérage par le son, sous le nom de *Schall Mestrup*, que trois mois après qu'ils se furent emparés d'un de nos postes, lors de la première attaque par les gaz asphyxiants (26 avril 1916). Il semble bien pourtant qu'ils ignorèrent ou ne pénétrèrent pas aisément nos perfectionnements ultérieurs, œuvre de nos savants; car ils demeurèrent attachés, jusqu'à la fin de la guerre, à des systèmes rudimentaires que nous avions dépassés depuis longtemps.

Les nouvelles méthodes d'observation.

Nos postes ou sections de repérage par le son se complétaient par des observatoires terrestres qui dépêchaient également leurs renseignements aux laboratoires ou offices centraux géographiques des armées. Ces observatoires avaient pour mission de surveiller le champ de bataille et, particulièrement, de situer sur la carte les batteries ennemies, révélées par leurs fumées et lueurs. De ces observatoires, on en comptait en moyenne, selon la configuration topographique, quatre ou cinq par dizaine de kilomètres de front.

Avec la verve et la bonne humeur qui animèrent et soutinrent le moral de nos enfants, durant cette pénible campagne, un jeune lieutenant nous a donné quelques détails pittoresques sur la vie dans ces observatoires et sur leur installation :

« Après une minutieuse reconnaissance du terrain, on décida de construire à la lisière du bois, un observatoire en béton armé. Il le fallait résistant, car, à 1.500 mètres des premières lignes ennemies, on n'était guère en sûreté. On choisit des hommes solides et bien trempés, parmi ces grands diables d'artilleurs à pied, pour lesquels un obus allongé de 15 ne pèse pas plus qu'un poupon de trois mois. Avec ces robustes travailleurs, des troncs d'arbres arrachés de terre et tapissés de branches mortes, formèrent comme par enchantement, un rideau derrière lequel on put travailler. La pioche rencontrait le roc après la première pelletée de terre, et une fois l'énorme trou creusé, il fallait chercher, loin en arrière, le gravier et l'eau indispensables au béton. Mais on s'y employait avec tant d'ardeur que tout fut prêt en dix jours....et la crise du logement résolue. Il ne restait plus qu'à transformer la cabine-observatoire en petit boudoir, en petit boudoir où l'on passerait même les nuits, et à meubler le mieux possible la sape où les huit observateurs allaient élire domicile. Un vrai compartiment-couchettes, cette sape avec ses lits superposés !

« Le point délicat était le camouflage, surtout le camouflage de la visière, trou noir qu'il ne faut pas trop dégager par crainte d'être repéré, mais dégager suffisamment pour assurer sa fonction d'Argus du secteur. Il n'y a plus maintenant qu'à placer les instruments d'optique, le socle de la lunette de jour qui grossit trente fois, celui de la jumelle de nuit, les appareils téléphoniques et la « boîte de topage » pour correspondre avec le commandant de station. Parmi les petits détails d'aménagement et de prudence, le store de toile huilée contre les gaz asphyxiants, puis la cloche d'alarme qu'on demande à ne jamais entendre parce que cela deviendrait grave.

« Les lignes téléphoniques en liaison avec le poste central étant posées, l'observatoire est fini. Le sous-officier, chef de l'équipe, règle le roulement, par deux, des factionnaires permanents. Ils sont là tous deux à la visière, alternant à la lunette, coiffés de casques téléphoniques comme les demoiselles des « grands centraux » de Paris. Des cartes, des croquis panoramiques, permettent de bien vérifier le tour d'horizon, en se méfiant des crêtes boisées dont le mirage est la principale source d'erreurs dans l'appréciation des distances.

« On n'improvise pas en deux jours un observateur. Il lui faut bon œil, du flair, de l'expérience et, au contraire de ce qui est interdit dans la vie militaire, de l'esprit critique. Connaissant les plus petits détails du terrain, il constate d'un regard dans la lunette, que le Boche a travaillé cette nuit, et travaille encore dans une tranchée. Les factionnaires des quatre, cinq ou six observatoires de la section s'appellent, se concertent, échangent leurs impressions. Le poste central, qui ne perd pas une phrase de cette conversation, pose question sur question, demande les directions de visées, bref, recoupe, au sens propre et figuré du mot, les dires de chacun des postes. Il conclut et transmet le renseignement au commandement qui le fait aussitôt exploiter par l'artillerie.

« Voici, à flanc de coteau, dans les lignes ennemies, une route blanche, et un peu plus loin, un chemin de traverse formant, avec cette route, un Y assez caractéristique. Une batterie française vient de se placer en surveillance de ce point. Confiants dans la sécurité des jours précédents, des convois allemands de cinq à six voitures, accompagnées de piétons, avaient l'habitude de prendre, tout à leur aise, cette traverse qui raccourcit notablement la distance. Dorénavant, il faudra revenir à la précaution d'attendre la nuit pour opérer ces déplacements. Aujourd'hui, en effet, à peine un convoi a-t-il franchi l'orée du bois que les observatoires s'agitent et que le poste central alerte la batterie : « Allo ! batterie ! Allo ! dans cinq minutes, quatre voitures et des piétons vont arriver à l'Y de la route; nous vous préviendrons quand il faudra tirer ». Et l'on entend dans le téléphone : « Batterie prête ». Les observateurs attendent fiévreusement le signal du « coup parti », et cette minute d'attente est vraiment passionnante.

Quatre obus partent, les piétons de là-bas s'arrêtent brusquement... les obus sifflent.... plat-ventre.... Les obus éclatent.... course éperdue de chaque côté de la route, chevaux emballés, voitures lancées à grande vitesse... Adieu la théorie des rangs et intervalles serrés... Ils ne reviendront pas demain !

« Pareille surprise se produira parmi des troupes qui, sur les coteaux lointains, répètent un coup de main et manœuvrent en parfaite quiétude, se croyant garanties par l'éloignement de nos positions. A notre appel, l'artillerie aura bientôt équipé la pièce suffisante pour troubler la régularité des exercices. Également, sera dérangée désagréablement la corvée de soupe de 11 heures et de 5 heures : il faudra reprendre les boyaux, d'un parcours plus difficile.

« Petits détails de chaque instant qui ont bien leur importance. Ils permettent, avec beaucoup d'autres de ce genre, de présumer les relèves qui s'opèrent dans le secteur.

« Toutefois, la scène prend un aspect plus sévère lorsque, par exemple, retentit soudain la détonation puissante et spéciale des canons allemands de 15. C'est la ville voisine qui « reçoit ». Au-dessus d'un bois on aperçoit, fugitive et grise, une légère colonne de fumée vite envolée. Un peu plus loin, une autre fumée plus noire, plus lente à monter et à se dissiper. Gare à la méprise pour l'observateur inaccoutumé ! Le Boche essaie de donner le change en faisant exploser des marrons à fumée, en même temps que la pièce effectue un tir. Toutefois il oublie que les observateurs ne sont tout de même pas des enfants. Et certaines de ses maladresses sont par trop flagrantes. Notre artillerie lourde, avertie par « le central », se charge incontinent de convaincre les adversaires qu'elle n'est pas dupe de stratagèmes aussi grossiers.

« Quand sur l'ensemble de nos tranchées, tout près du poste d'observation, tombent, depuis quelques jours et assez discrètement d'ailleurs, des obus de calibres différents, cela sent la préparation d'un coup de main. Le poste central de la section fait part de ses impressions au commandement. L'infanterie est prévenue, l'artillerie est alertée, on évacue la toute première ligne; et lorsque, à minuit ou à 4 heures du matin, le Boche déclenchera le tir pour protéger ses fantassins, une réception avec salves copieuses lui sera réservée.

« Mais lorsque le secteur s'anime pour de bon, lorsqu'il s'agit de lutte intense et non d'un coup de main passager, chacun s'emploiera alors tout entier. Pour repérer les batteries, signaler les mouvements de l'infanterie, les points de résistance et les mitrailleuses, trois observateurs à la visière ne seront pas de trop. Que de fantassins amis sauvés, grâce au moindre renseignement !

« L'observateur conscient de l'importance des services qu'il peut rendre se passionne à sa tâche, insensible à la fatigue des longues veillées où l'œil s'abîme à la jumelle éclairée, où la tête s'affaisse sous le casque du téléphone. Le secteur s'allume sans arrêt sur des kilomètres et des kilomètres. Des centaines de lueurs des batteries paraissent et disparaissent comme les feux follets des contes; et les fusées-signaux entrecroisent dans l'espace leurs longues traînées lumineuses. Feu d'artifice fantastique, mais qu'on aimerait voir de plus loin! Et la cacophonie des obus, des mitrailleuses, des grenades et des balles qu'on entend près, si près du poste!

« Quoique confiné toujours au même endroit dont il ne pouvait sortir, l'observateur n'avait pas une vie aussi monotone qu'on pourrait se le figurer. Si, les yeux perdus devant soi, on évoquait parfois, aux heures longues, des paysages et des images douloureusement lointains, la nature imposait vite des diversions par des miracles de splendeur qui, au sein même des horreurs, semblaient être des présages de victoire.

« Durant la guerre de position, aux moments de liberté, on élevait des lapins, on plantait de la salade. Les parents, en lisant ces choses, se disaient que leur enfant n'était pas aussi malheureux qu'on eût pu croire. Mais quand l'obus malencontreux faisait tout à coup une salade de la salade et des lapins, les parents ne le savaient pas. Et quand vinrent, en fin de guerre, les déplacements successifs, les bonds en avant, et que les observatoires s'installèrent en vingt minutes, avec une simple toile de tente pour abri au milieu de la bataille, les parents ne le savaient pas davantage... »

Le récit de notre jeune observateur n'a nullement exagéré l'efficacité et la valeur des services rendus par ses collègues. Le plus haut dignitaire de l'armée ennemie, le maréchal Hindenburg, dans ses Mémoires, n'hésite pas à voir, dans l'excellence des observatoires terrestres du front des Alliés, l'une des premières causes de la débâcle allemande, inaugurée positivement le 8 août 1918. Il dit, en parlant de cette journée que le général Ludendorff, de son côté, a qualifiée de « jour de deuil de l'armée allemande » : « Nos troupes avaient trop songé sur ce front à la continuation de l'offensive et pas assez à la défensive. Il faut reconnaître toutefois que creuser des tranchées et construire des défenses accessoires, au contact immédiat de l'ennemi, était un travail qui nous causait beaucoup de pertes, car les observateurs ennemis déclenchaient immédiatement le feu de leur artillerie sur tous les mouvements qu'ils remarquaient et même sur des hommes isolés (1). »

Les conditions atmosphériques.

La marche à la victoire s'était arrêtée, pour les deux adversaires, après les batailles de la Marne et de l'Yser. En ces rencontres formidables, le chef français et le chef allemand s'étaient encore inspirés de la doctrine napoléonienne dont l'un des préceptes dit que « dans une bataille, il faut toujours tirer sans calculer la dépense des boulets ».

Religieusement certes, trop religieusement peut-être, avait été écoutée la parole de celui qui a le mieux connu la profession des armes. On avait dépensé même les réserves des magasins de l'arrière. Des deux côtés, il fallait attendre maintenant les secours de l'intérieur, et surtout les secours en munitions pour une consommation qui continuerait à dépasser de beaucoup les prévisions initiales des états-majors. Cela promettait d'être long. On n'improvise pas la remise en marche de fabriques abandonnées brutalement le jour de la mobilisation. Encore moins peut-on d'un coup de baguette édifier de grandes usines, les équiper de machines encore inexistantes pour la plupart; enfin éduquer les milliers et les milliers d'ouvriers spécialistes nécessaires à une énorme production d'armement et de munitions.

---

(1) General Feld-Marschäll von HINDENBURG, *Aus meinem Leben*, p. 340.

Ainsi ajournés, les belligérants durent recourir aux fortifications de campagne pour se rendre inexpugnables : l'Allemand, sur sa ligne de retraite; nous, sur ce qui devenait le boulevard de la défense du pays. Comme conséquence, les armées changèrent leur mode de formation. L'ordre en masses profondes, pour la guerre de mouvement s'étira en ordre mince sur une longueur de plus de 500 kilomètres.

Face à face, c'étaient en réalité deux armées à la fois assiégeantes et assiégées. Elles défendaient l'immense place de guerre, dans l'espèce le terrain dont chacune avait la garde. L'une et l'autre guettaient l'occasion de faire une brèche. Malheur à qui se laisserait entamer ! Malheur à qui serait contraint de tourner le dos !

Dans cet ordre mince de combat, chaque point serait vulnérable, si les efforts de l'ennemi n'étaient aussitôt enrayés par l'action de l'artillerie. Celle-ci, également égrenée, pièce contre pièce pour ainsi dire, devait agir avec plus de précision encore que dans les opérations ordinaires. Jamais champ d'études ne s'offrit plus spacieux ni plus propice aux exercices de tir.

Avec la collaboration de la haute science — ce nouvel agent de la guerre, qui chaque jour étendait son influence — on rechercha tous les défauts d'un tir cependant remarquablement ajusté, selon les lois de la balistique courante. On en vint à tenir compte, dans le réglage du canon, du poids des obus. Ceux-ci, bien que conditionnés pareillement à l'usinage, étaient néanmoins parfois plus ou moins lourds. De ce fait, ils dépassaient ou n'atteignaient pas le but.

Dans le même ordre d'examen, on analysa les propriétés de chaque lot de poudre. Quoique préparée d'après des principes sévères et avec des matières identiques, elle présentait assez souvent des différences qui, même minimes, faussaient la rectitude du tir. Enfin, on porta la plus grande attention sur les phénomènes atmosphériques dont les effets sont loin d'être négligeables dans les conditions actuelles de la guerre.

Les préparations d'offensive, les chances favorables ou contraires aux excursions des aviateurs, le perfectionnement de plus en plus désirable des tirs à très grandes distances, l'apparition des gaz toxiques dans la bataille, montrèrent la nécessité de connaître, au mieux possible pour toutes les régions du front, les présomptions de la science météorologique.

Dès le commencement de la guerre, trois services météorologiques, l'un sur le front, l'autre rue de Grenelle au Service géographique, le troisième à l'Office civil ordinaire, contribuaient à renseigner les armées sur les prévisions du temps. Afin de centraliser toutes les indications utiles et de coordonner les méthodes, fut créée, en 1917, sous les ordres du général Bourgeois, une direction unique des services météorologiques, chargée de communiquer plusieurs fois par jour, aux armées intéressées, les pronostics atmosphériques dont le prix se conçoit aisément.

L'époque d'une attaque générale, on le sait, est fixée assez longtemps d'avance par les considérations stratégiques, liées souvent elles-mêmes à des combinaisons politiques. Toutefois, l'heure du déclenchement peut, en dernier ressort, être retardée selon la teneur du bulletin météorologique qui, toutes les six heures, de jour et de nuit, par télégraphe et par téléphone, fournit au haut commandement des indications sur le temps qu'il fait et ses changements probables partout sur le front.

Les grandes perturbations viennent de l'Océan; leur apparition, leur développement éventuel, étaient déduits de quelque trois cents dépêches ou câblogrammes reçus journellement de presque tous les points du globe. C'est assurément un avantage que nous avions sur les Allemands. Malgré leurs sous-marins, ils ne recevaient rien de l'Atlantique, encore moins des côtes de Bretagne. Sous ce rapport, on peut dire qu'ils avaient un bandeau sur les yeux.

A l'aide des avertissements venus de tous côtés, le vent

était traqué comme un fauve dans une forêt. Savoir où il va, c'est connaître la menace du danger. L'annonce du déplacement des orages jouait, on le comprend, un rôle important. L'orage voyage, en quelque sorte, comme en chemin de fer, avec des horaires à peu près certains. Si, par exemple, il passe sur Paris à quatre heures, il sera indubitablement, étant donnée sa direction, à sept heures, à Châlons-sur-Marne, et ainsi de suite.

A ce propos, on eut un jour la preuve évidente que le service météorologique des Allemands était bien inférieur au nôtre : au moment de leur grande attaque du 15 juillet 1918, éclata un orage épouvantable qui, prévu par nous, fut ignoré de leur côté à ce point qu'ils permirent la sortie de leurs avions, dont deux s'abattirent dans nos lignes de la région de la Meuse.

En artillerie, le tir est inefficace si l'on ne tient pas compte de l'effet du vent. Moins considérable sur la direction du projectile, son action est très sérieuse sur sa portée. Dans ce cas, par un vent d'une vitesse de 10 mètres par seconde, l'obus a toutes chances de tomber au moins à 300 mètres en deçà du but visé par le canon de 155 tirant à 10.000 mètres. Dans la même hypothèse, la déviation latérale ne serait que de moitié.

En principe, les diverses poussées du vent, si violentes soient-elles, n'ont pas la brutalité qu'on pourrait croire. Pratiquement, on leur attribue une durée moyenne de trois heures. Des tables de calculs appropriées permettent de voir d'un coup d'œil la rectification de réglage convenable à la force du vent.

Une fois la science entrée dans la synthèse du tir, elle ne laissa pas de s'occuper de la température qui agit elle-même, en augmentation ou en diminution, sur la précision de l'arme de jet, comme on disait jadis. Raréfaction ou condensation de l'air : résultats différents. De sorte que les éléments de tir se modifient à tout instant, au caprice du thermomètre et du baromètre.

Toutes ces choses qui semblent très compliquées, le seraient en effet si elles n'avaient été fort simplifiées par un instrument portatif construit par le Service géographique, et qui donne automatiquement les calculs de réglage par rapport à l'activité du vent et aux conditions atmosphériques.

En matière d'aviation, la météorologie avait pour mission essentielle de mesurer la puissance du vent à toutes les hauteurs dans les régions que l'avion se propose de parcourir. Quand l'aviateur Marchal entreprit et réussit l'audacieux projet d'atterrir en Galicie russe, en survolant Berlin, la météorologie lui avait donné, pour dix heures consécutives, les évolutions probables des vents sur lesquelles il devait régler sa marche.

L'établissement de semblables codes de tactique aérienne exigeait le contrôle, d'apparence irréalisable, de ce qu'on ne découvre pas dans l'atmosphère, c'est-à-dire au delà d'un kilomètre par un temps couvert. Impossible de créer artificiellement un nuage de fumée dont on suivrait la direction, si le temps était clair. Donc, rien à voir; il ne restait qu'à entendre. Mais quoi? Mais comment?

On eut alors l'idée de lancer dans les airs un nuage sonore, sous forme de ballonnet libre, muni de cent cinquante petites cartouches de mélinite qui exploseront mécaniquement à des intervalles connus. Et le problème est ainsi ramené à ce que nous avons déjà vu pour le repérage par le son, avec en plus, cependant, la détermination du son en hauteur. La différence des éclatements enregistrés par de multiples microphones écouteurs a permis, non seulement de discerner les déviations du vent, mais aussi de calculer sa vitesse qui était celle de l'aérostat.

Il n'apparait pas que l'ennemi ait jamais soupçonné l'objet de cette petite pyrotechnie aérienne. Peut-être a-t-il cru que c'étaient des coups de fusil isolés. On n'a d'ailleurs aucune connaissance d'un moyen quelconque qu'il eût employé pour apprécier la valeur du vent dans les sphères interdites à l'observation visuelle.

Essentielle était aussi la prévision du brouillard. L'atterrissage dans le brouillard est, sauf miracle, la mort certaine de l'aviateur. Le refroidissement de l'air, dans des conditions particulières de l'atmosphère, est l'indice qui permet de calculer l'heure où le pilote doit atterrir avant d'être enveloppé par le brouillard.

Il est à peine besoin de noter que la prévision de la direction du vent intervenait logiquement dans les attaques précédées de gaz toxiques. Il importait au premier chef qu'elles n'eussent pas lieu à l'heure où le vent ferait volte-face, et retournerait le fluide mortel sur les envoyeurs.

La crise de l'optique.

Malgré le poids des responsabilités d'ordre presque purement scientifique qu'il avait déjà prises, le général Bourgeois crut devoir, dès 1915, attirer à lui le contrôle d'une fabrication de guerre qu'il jugeait susceptible d'un plus grand développement. Il s'agissait des instruments d'optique dont la construction relève mi-partie de la science, mi-partie de l'industrie. Là, sa maîtrise administrative s'affirma dans toute son ampleur. Deux faits qu'il suffira d'énoncer en fournissent l'attestation frappante.

Premièrement : si nous prenons, entre autres, les jumelles de guerre, nous verrons qu'au moment où elles passèrent aux mains du Service géographique (février 1915) leur production mensuelle, qui se chiffrait par mille pièces à peine, atteignit progressivement, en 1916, le nombre fabuleux, en l'espèce, de vingt-cinq mille par mois.

Deuxièmement : produire de grandes quantités, c'était déjà bien, vu l'urgence; mais produire beaucoup, et à très bon compte, c'était infiniment mieux. N'est-ce pas, d'ailleurs, remplir l'idéal du véritable chef d'industrie? Le Service géographique, que ce soit avec le bon vouloir spontané — et plus fréquent qu'on ne croit — des fournisseurs, ou que ce soit à l'aide d'une pression raisonnée et tenace, le Service géographique, dis-je, ne dépassa point les prix d'achat d'avant-guerre. Et ces prix furent maintenus jusqu'à la fin des hostilités.

La fabrication des boussoles pour l'infanterie est la première dont le Service géographique eut à s'occuper. C'était en novembre 1914. Il fallait 14.000 boussoles tout de suite. Cette industrie n'existait pour ainsi dire pas en France. Il appartint donc au Service géographique de la créer. On aura dit assez à cet égard, en mentionnant que six mois plus tard, en mai 1915, il y avait 15.500 boussoles, tant distribuées qu'en cours de distribution ou de livraison. Enfin, les besoins s'étant accrus avec les effectifs, ce nombre était porté à 50.000 à la date du 15 juin 1916.

Afin d'éviter le retour de graves erreurs, il convient de dire ici les causes de l'effrayante pénurie d'instruments d'optique où l'on se trouva le jour de la déclaration de guerre. Ce qui se passa en temps de paix pour l'optique ressemble fort à ce qui eut lieu pour l'artillerie lourde. On en parlait beaucoup, mais on n'y pensait jamais pratiquement.

Nous n'ignorions cependant pas l'intérêt que, dans leurs préparatifs de guerre, nos ennemis attachaient à ces deux parties de l'armement. Les modèles qu'ils avaient adoptés étaient d'autant mieux connus, au moins en ce qui concerne les instruments d'optique, que les usiniers d'outre-Rhin en faisaient offrir la fourniture à notre ministre de la Guerre. Celui-ci, nullement enclin à examiner ces propositions, remit, suivant la routine, l'étude de la question à la Section technique de l'artillerie. Les titulaires de ce service étaient, il faut le dire tout de suite, des officiers de remarquable valeur scientifique. Malheureusement ils ne surent ou ne purent se libérer de l'engrenage administratif qui réglait leurs travaux. L'approvisionnement de l'armée en jumelles analogues à celles des Allemands fut, pendant une dizaine d'années, l'objet de mesures indécises et lentes qui nous retinrent loin d'une production immédiate et intense, propre à relever notre infériorité et assurer les ressources de l'avenir. D'apparence difficile, cette tâche, pour être remplie, ne demandait, en vérité, que le sens réel des choses.

Certes, les opticiens français étaient fort en retard sur leurs rivaux allemands, lesquels, cependant, exploitaient tout bonnement une invention française remontant à 1850, et dont le premier type, ainsi qu'en fait foi le brevet de cette époque, portait le nom de « Lunette Napoléon ».

Cet instrument, en dépit de ses avantages visuels, n'eut en ce temps qu'un succès éphémère. Des inconvénients inhérents à son dispositif, et auxquels on ne voyait pas alors de remède, rendirent son usage précaire. Ces défauts furent corrigés, quarante ans plus tard, par les opticiens allemands, protégés, même subventionnés, comme on sait, par leur gouvernement.

Du jour où elle fut saisie de la question, il appartenait évidemment à la Section technique de l'artillerie d'adopter un type de jumelle, puis de provoquer l'émulation des fabricants français, afin d'obtenir un approvisionnement rapide et des prix de concurrence au bénéfice du Trésor public. On ne fit pas cela, mais tout le contraire. On se borna à guider et à pourvoir de commandes une seule maison d'optique.

Les choses allèrent ainsi jusqu'en 1911, la Section technique ayant un fournisseur unique dont la capacité productive était des plus limitées : huit à dix jumelles par jour. Toutefois, après des démarches persistantes en haut lieu, on parvint à ce que le ministre de la Guerre ordonnât, en 1911, la mise en adjudication des fournitures de jumelles pour l'armée, sur la base d'un cahier des charges descriptif du modèle arrêté. Ainsi furent adjugées, en 1912 et 1913, une dizaine de mille de jumelles. Il est à remarquer que le fournisseur attitré de la Section technique ne fut adjudicataire que d'une faible partie.

Puis survint la guerre, et immédiatement se déclara, aiguë et inquiétante, la crise de l'optique. Car ce n'était pas dix mille, mais cent mille jumelles qu'il aurait fallu ce jour-là.

Pas d'artillerie lourde ! Pas de jumelles ! Ce sont les deux premières clameurs qui retentirent du front.

« Les Allemands nous voient et nous ne les voyons pas ! » s'écriaient les officiers revenus en mission et les premiers blessés évacués à l'intérieur.

Des pères, suppliés par leurs fils, couraient chez les opticiens qui furent promptement dévalisés.

Alors, plus rien !...

Remédier à cette situation n'était pas une tâche facile.

Maintenant que le personnel de la Section technique a été dispersé par la mobilisation, l'optique est entrée dans les attributions de l'arsenal de Puteaux. Celui-ci fait ce qu'il peut. Mais il ne peut pas grand'chose dans cette spécialité. Non seulement il est surmené par les commandes urgentes de canons et d'affûts de toutes sortes, de projectiles de tous calibres, mais encore le colonel-directeur doit suivre rigoureusement les instructions du ministère. Et quand, à bref délai, ce dernier sera à Bordeaux, c'est à Bordeaux qu'il faudra en référer pour obtenir des livraisons de jumelles qui toutes, au fur et à mesure de leur réception à Puteaux, sont acheminées sur Bourges où en est tenue la comptabilité. Comme contrôle administratif, c'est peut-être conforme à d'antiques usages. Mais quelle dangereuse complication en ces heures où tout est urgent !

Aux derniers mois de 1914, on peut évaluer à vingt ou vingt-cinq jumelles, par jour, la production totale des trois ou quatre fabriques rouvertes lentement, l'une après l'autre, et travaillant misérablement parce qu'on manquait presque de tout, principalement d'ouvriers professionnels, les valides étant tous mobilisés.

Il faut bien reconnaître que l'arsenal de Puteaux en son état de subordination et, de plus, accablé de travaux d'artillerie de grande envergure, était matériellement dans l'impossibilité de donner à l'optique l'impulsion vigoureuse nécessaire; d'autant plus que la France était à présent sollicitée d'en pourvoir ses alliés. Ni l'Angleterre, ni la Russie, ni l'Italie, encore moins préparées que nous, ni l'Amérique, ne possédaient l'équivalence de notre modeste outillage. Dans ces conditions, on n'apercevait guère la solution du problème angoissant de livrer aux armées, en nombre suffisant, le matériel d'optique réclamé avec une émouvante insistance par le haut commandement.

C'est alors que le général Bourgeois offrit au ministre de prendre au Service géographique le contrôle direct et indépendant des diverses fabrications d'optique. Grosse affaire : il s'agissait de toucher à l'arche sainte des prérogatives!

Toutefois, le ministre comprit que toutes les armes — et non plus seulement l'artillerie — se servant maintenant d'instruments d'optique, aucune raison ne subsistait pour que l'artillerie en conservât la régie exclusive, et que, tout au contraire, leur fabrication gagnerait à être entre les mains d'une administration, pour ainsi dire neutre, telle que le Service géographique.

Sans que personne peut-être s'en doutât, on venait simplement de rendre au Service géographique ce que la Révolution et le Directoire lui avaient déjà attribué, lors de la première réorganisation sérieuse des bureaux topographiques. Ainsi, voyons-nous, le 12 ventôse 1796, le général Bonaparte, partant pour l'Italie, demander une lunette achromatique avec les cartes du Piémont, de la Lombardie et diverses cartes des frontières françaises (1).

Du jour où sa nouvelle coopération fut agréée par le mi-

---

(1) Colonel Berthaut, *Les Ingénieurs géographes*, I, p. 183.

nistre, le Service géographique se mua partiellement en une vaste entreprise de fournitures de guerre, menée comme par un administrateur-délégué aussi soucieux de satisfaire sa clientèle que d'assurer le rendement le plus fort et le plus avantageux. Désormais, il n'était plus question d'attendre, parfois plus d'un mois, que la demande d'une jumelle ou autre article eût accompli le trajet hiérarchique du régiment à la brigade; de là, à la division; pour passer au corps d'armée qui la transmettait à l'armée. Cela, aller et retour, prenait un temps au bout duquel, assez souvent, le postulant, étant promu ou permuté, avait changé de résidence, et tout était à refaire.

Eh quoi! ne pouvait-on, sans ce fastidieux formalisme, prêter un objet d'une centaine de francs à qui l'on donnait tous les jours, des responsabilités autrement délicates? Ainsi raisonna-t-on sans doute au Service géographique, car dorénavant, une visite pesonnelle ou une lettre, à l'un des magasins des « canevas de tir » du front, suffira pour obtenir séance tenante ou par prochain courrier et contre un simple reçu, l'instrument sollicité.

Le général Bourgeois avait su s'entourer de collaborateurs pour la plupart jeunes polytechniciens, énergiques et résolus, qui se mirent à travailler l'optique et son industrie, comme ils auraient fait d'une thèse de doctorat. Ils déployèrent, dans leurs nouvelles fonctions, une compétence qui surprenait les praticiens les plus expérimentés. Ce n'est pas près de ces jeunes gens qu'un industriel pouvait, sous de vains prétextes, s'excuser de livraisons insuffisantes. Ils pourvoyaient à tout, courant eux-mêmes la ville, pour découvrir le métal ou les produits dont on prétendait manquer.

Un jour, c'est le charbon qui va faire défaut dans la principale verrerie. Notez qu'il faut consommer six tonnes de charbon pour fondre une tonne de verre d'optique. En cas d'arrêt prolongé de la production, c'est l'armée aveuglée, pour ainsi dire. Sans balancer, l'un des officiers du Service géographique part pour Rouen où, sur les quais, gisent des monceaux de charbon retenus par la pénurie ou le désordre des transports. Réquisitionner des wagons, les faire charger devant soi, monter sur la locomotive, puis ramener le charbon, c'est l'affaire d'une journée, et la crise est conjurée.

Infimes épisodes, sans doute, dans l'énorme tragédie. Mais grands, très grands enseignements. Le génie, a-t-on dit, est fait de patience. Mais le génie de la guerre requiert d'abord, de tous ses favoris, une volonté sans cesse agissante et impatiente de l'exécution des ordres.

Par les résultats acquis, on va juger la valeur d'une méthode préoccupée uniquement du but. Rien ici ne saurait être plus éloquent que les chiffres :

Prenons d'abord la fabrication des jumelles. A la déclaration de guerre, nos armées en possédaient environ 10.000 du système à prismes. Avec ce que nous possédions de matériel optique, elles avaient presque toutes disparu après les batailles de Belgique et de la Marne. Donc, c'est à peu près avec zéro comme stock, et la minime production mensuelle de 1.000 jumelles, que le Service géographique assuma la tâche de parer sans délai à la crise excessive de l'optique.

Le premier soin du directeur fut de rouvrir tous les ateliers indistinctement, et de remonter diligemment la construction, très courante à Paris, des jumelles dites de Galilée. De puissance inférieure à celle des jumelles à prismes, elles seraient, en attendant mieux, données aux sous-officiers d'infanterie à qui elles rendraient certainement de grands services. Elles étaient d'ailleurs parfaitement admises par l'Angleterre qui s'inscrivait chez nous pour de fortes quantités. On a vu également le développement presque incroyable qu'avait déjà pris, sous l'impulsion du Service géographique, la fabrication des jumelles en 1916. La progression fut telle qu'en 1918, la production totale atteignit le chiffre quasi fantastique de 950.000 jumelles du modèle à prismes, en majorité.

Sur ce nombre, la France en avait octroyé à ses alliés les quantités suivantes :

A l'Angleterre.	215.000
A l'Italie.	230.000
A la Russie.	79.000
A l'Amérique	15.000
A la Belgique.	3.500
A la Grèce.	2.500
A la Roumanie.	2.500

et des quantités moindres, mais cependant sérieuses, à la Serbie, au Portugal et à l'armée polonaise.

Concurremment à ces jumelles portatives, une autre — plus proprement dite longue-vue binoculaire — depuis longtemps en usage chez les Allemands, était absolument indispensable à l'artillerie de campagne et aux canons courts de l'artillerie lourde, pour l'observation continue aux distances moyennes. Ses propriétés particulières consistaient en la réunion d'un grossissement de douze à seize fois, d'un vaste champ visuel et d'un relief très accentué des objets. Cet instrument, d'une longueur de cinquante centimètres, portait le nom de lunette-binoculaire; plus communément, on disait jumelle-ciseaux, parce que ses tubes s'étendaient jusqu'au parallélisme et se refermaient à la manière d'une paire de ciseaux. La troupe, dans son langage imagé, l'appelait la « bête à cornes », en raison de ce qu'elle figurait une ramure quand elle était dressée sur son trépied.

De ces lunettes-binoculaires, la Section technique de l'artillerie n'en avait jamais eu que cent trente qui s'engloutirent dans nos premiers revers. Elles provenaient peut-être bien de source allemande; car en 1915, il n'y avait pas de fabrication organisée en France pour cet appareil. Sans perdre une minute, le Service géographique en fit créer l'outillage compliqué et en pressa la construction. Celle-ci exigeait une précision mécanique toute exceptionnelle, dépassant de beaucoup la pratique courante de l'industrie. Au prix d'efforts incessants, on parvint, à partir d'octobre 1915, à une production mensuelle de trente pièces pour passer à cent pour le mois de janvier 1916, et continuer dans une progression constante. Finalement, au jour de l'armistice, le Service géographique avait réalisé la fabrication de 11.000 lunettes binoculaires. Sur ce total, il en fut cédé :

A l'armée américaine	1.440
A l'armée anglaise.	900
A l'armée italienne	111
A l'armée belge.	52
A l'armée grecque.	90

Il faut noter en plus la création d'une lunette monoculaire à trois grossissements, destinée à remplacer les anciennes lunettes terrestres qui étaient très encombrantes et d'optique médiocre. De ces lunettes monoculaires, il en fut fabriqué également 11.000, dont 2.600 pour les Alliés.

Au cours de la guerre, le Service géographique s'adjoignit encore, en supplément, la construction des objectifs de photographie pour l'aviation. Sous son impulsion féconde, le rendement mensuel de cette spécialité fut rapidement quadruplé. Si, à ce bilan de fabrication déjà bien imposant, on ajoute des théodolites combinés pour l'artillerie à longue portée; des lunettes avec un grossissement de cent fois pour des observations de travaux redoutables et devenus presque microscopiques par la distance, tels que l'amorçage à fleur de terre des mines souterraines de l'ennemi; enfin si l'on tient compte des goniomètres boussoles (16.000) pour toutes les batteries, et de plusieurs milliers de lunettes pour les chars d'assaut, on pourra dire que le petit hôtel de la rue de Grenelle s'était transformé en un centre d'activité scientifique et industrielle assez puissant pour satisfaire, sans délai, à toutes les demandes d'une clientèle qui s'étendait effectivement de Salonique à Belfort.

***

En soulevant ce petit coin du rideau des coulisses de la guerre, nous avons pu nous faire une idée de ce que ce fut, sur un terrain spécial, l'effort de la France.

Au premier plan, nous avons vu que, sous la direction d'un chef admirablement doué, l'un de nos services importants s'était, durant toute la guerre, montré d'une compétence scientifique non égalée, d'une organisation exemplaire, reconnues même par l'ennemi qui se targuait jadis, avec un orgueil impressionnant, d'avoir la primauté dans toutes les branches de l'art militaire. Son retour à la modestie est exprimé nettement par le général von Bertrab, rédigeant après la guerre un mémoire, à l'usage de son gouvernement, sur « la nécessité d'une nouvelle organisation des services topographiques ». Il dit : « La guerre nous a donné une leçon. Ce qui aggrava la situation, ce fut la désorganisation de la *Landesaufnahme* (1) au moment de la mobilisation. On chercha à y remédier en créant le *Kriegsvermessungschef* (2). Malheureusement, ce fut en vain, parce qu'il manquait une autorité au courant de tous les travaux topographiques. Les Français restèrent fidèles aux bons principes pour leur plus grand bien et à notre désavantage, comme nous l'avons constaté plusieurs fois sur le front. »

Au second plan, les nombres d'instruments cédés aux armées étrangères — nombres un peu trop vite oubliés, tout de même, par ceux qui les connaissent le mieux — attestent que pendant que des millions de Français offraient leur vie à la défense de la liberté du monde, le reste : invalides, vieillards, femmes, enfants, se mettaient à l'usine, s'improvisaient ouvriers, au sens propre du mot, et peinaient jour et nuit à forger les outils de combat et de victoire pour leurs compatriotes et pour tous les Alliés, dont la plupart, notamment les plus grands, n'avaient pas vu leurs ressources industrielles décimées, comme les nôtres, par l'invasion.

(1) Service géographique.
(2) Chef du Bureau topographique de guerre.

L'avenir.

On a vu, au courant de cette étude, l'effroyable désarroi causé par le manque de cartes en 1870. On a vu également qu'en 1914, si l'on était aussi bien outillé que le permettaient les ressources budgétaires, nous n'avions pas encore — on a peine à le croire — ce qu'il fallait pour soutenir, dans notre propre pays, une guerre qui se présentait dans des conditions autres que les précédentes.

Si l'on considère l'état actuel des choses, on constate que les leçons du passé sont demeurées, en quelque sorte, inexistantes pour nous seuls; car elles ont profité à la presque totalité des nations d'Europe. Celles-ci ont reconnu les avantages que présenterait une carte au 50.000e comparativement à celle au 80.000e dont l'insuffisance excessive ne fait plus de doute pour personne.

A l'étranger, on s'est mis tout de suite à l'ouvrage, avec les crédits nécessaires. Un simple coup d'œil, sur la carte ci-contre, montrera dans quelle infériorité nous étions en 1922. Cette situation, qui n'a guère ou point varié, ne serait qu'incompréhensible si, par certains côtés, elle n'était pas inquiétante. On remarquera, et non sans un sentiment d'humiliation, que dans l'organisation topographique nous n'occupons que l'avant-dernière place, la dernière étant tenue par le Portugal !

Notre inertie, en la matière, provient sans doute de la croyance, où l'on est communément, que la cartographie de la France intéresse exclusivement l'armée. C'est une erreur absolue. La carte est essentiellement un facteur, si elle n'est le principal facteur de la prospérité bien comprise d'un pays. On verra bientôt que cette affirmation repose sur les témoignages les plus autorisés, et sur des arguments irréfutables.

Et d'abord l'armée qui, évidemment, ne peut pas plus se passer de la carte que le navigateur de la boussole, n'est-elle

ÉTAT D'AVANCEMENT DES TRAVAUX TOPOGRAPHIQUES À GRANDE ÉCHELLE
EN FRANCE ET DANS LES PAYS VOISINS

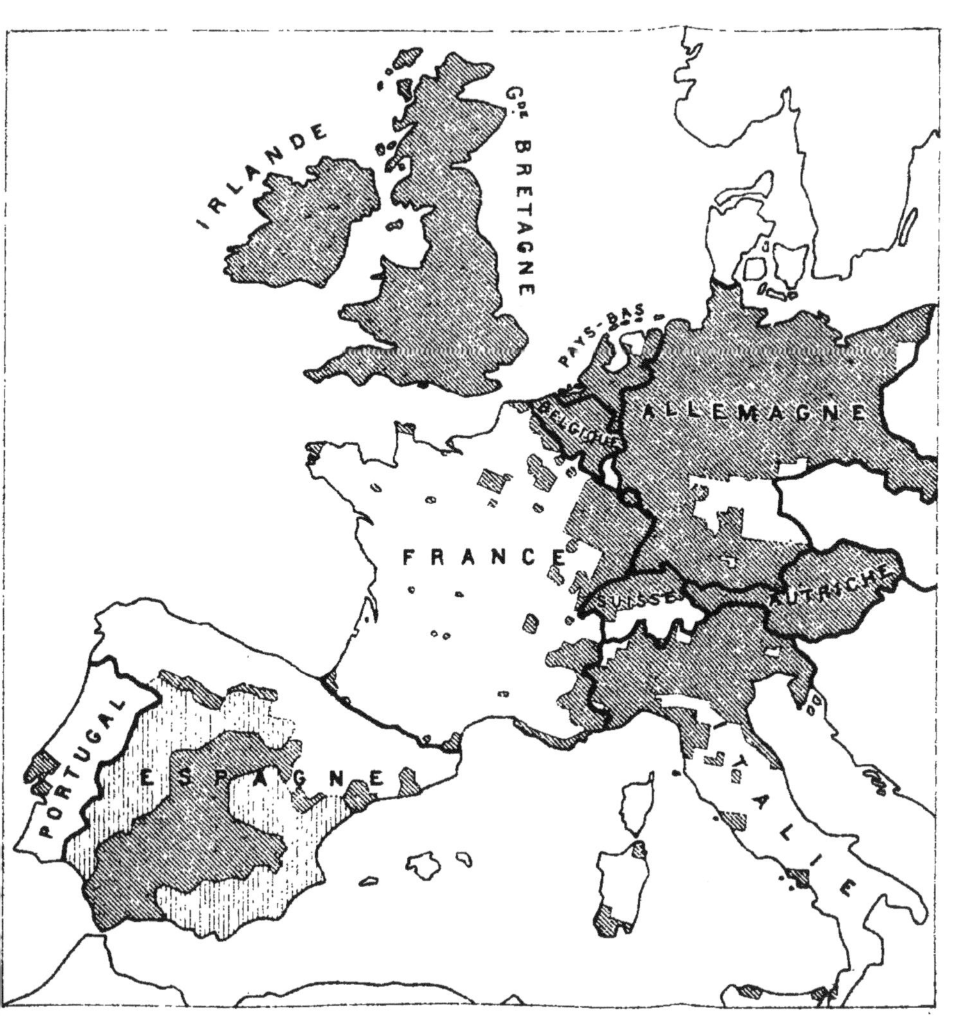

pas elle-même, au fond, la gardienne de la fortune publique? Des idéalistes, on ne l'ignore pas, parlent volontiers de supprimer l'armée. C'est une chimère, généreuse sans doute, mais qui restera une chimère tant que les menaces de guerre n'auront pas complètement disparu de l'horizon politique. Jusqu'à ce moment désiré par tout le monde sans exception, la raison veut que l'on songe à parer des coups qui peuvent être mortels. Et cette préoccupation ne se rattache-t-elle pas directement à l'économie nationale? N'est-ce donc pas maintenir la richesse du pays que de s'outiller pour, le cas échéant, perdre le moins possible d'hommes producteurs de main-d'œuvre; pour conserver — qui sait? — une province qui représente des millions d'impôts?

A ces considérations, qui ne sont certes point négligeables, viennent s'ajouter les plaidoyers qui, depuis plus d'un siècle, ont préconisé, dans l'intérêt général, l'établissement de levés topographiques, destinés à la confection d'une carte parfaitement lisible, et utilisable par tous les services publics. Et contrairement à ce qu'on pourrait croire, ce ne sont nullement les militaires qui furent les instigateurs ardents de cette œuvre nationale.

En 1817, l'illustre savant Laplace affirme : « Les résultats de cette grande opération intéressent à la fois les administrations civiles et militaires ainsi que les sciences. » Les suggestions répétées de Laplace ne furent pas entendues. Reprises, à diverses époques, par d'éminents géographes civils, elles ne rencontrèrent que l'indifférence.

Plus l'agriculture et l'industrie firent de progrès, et plus s'accentuèrent les besoins d'une cartographie favorable au développement de ces agents primordiaux de la richesse. On lit dans l'Exposé des motifs du projet de loi présenté au ministre des Finances, le 9 mai 1901 :

« *Il s'agit* (avec une grande carte) *de donner aux ingénieurs la possibilité d'étudier avec certitude les projets de routes, de canaux, de chemins de fer, d'exploitations diverses...Il s'agit de faciliter les études d'adduction d'eau, si intéressantes au point de vue de la santé publique, les études de drainage, d'aménagement des pentes qui intéressent au plus haut point l'agriculture, les travaux de l'Administration des forêts pour l'extinction des torrents, etc., etc. Qu'il s'agisse du développement de notre navigation intérieure ou de mettre en œuvre les forces naturelles des fleuves, torrents, etc., toutes ces études, ayant pour but d'augmenter la prospérité du pays ou de lutter avec succès contre la concurrence étrangère, trouveraient dans la carte à grande échelle les éléments des solutions les plus pratiques.* »

La preuve, aussi péremptoire que possible, ne semble-t-elle pas faite que la puissance productive et financière de la nation est attachée à l'établissement d'une carte plus grande que celle au 80.000e qui est condamnée par tout le monde?

En d'autres termes, on peut dire que la question ne se pose vraiment pas de savoir s'il faut préférer l'obscurité, l'embrouillement des choses, à la clarté, la netteté des renseignements dont on a besoin. Non plus, la question ne se pose de contester que le choix d'un terrain, pour telle ou telle exploitation industrielle, se fera, plus judicieusement et plus avantageusement, si, d'un coup d'œil sur un morceau de papier, l'on voit la possibilité d'amener, sans trop grands frais, un ruisseau ou une chute d'eau. Ces éléments de force motrice peuvent exister en un point ignoré ou dans une propriété inabordable. La carte les indiquera et en révélera l'utilisation plus ou moins facile, par les déclivités, mathématiquement données par la configuration topographique du sol.

Devant l'importance, pour ainsi dire capitale, de la carte au 50.000e, on se demande avec stupéfaction comment il se fait que les pouvoirs publics n'en ont pas encore ordonné la réalisation avec toute la diligence possible.

A cette interrogation que répondre, si ce n'est que la question intéresse médiocrement le Parlement, étant de celles qui ne passionnent pas la masse des électeurs?

A la vérité, une sorte d'impulsion a été donnée aux services compétents, depuis 1901. Mais sait-on combien de temps il faudrait pour achever le travail, sur les bases adoptées alors? Environ trois siècles... ! Une échéance pareille dispense de tout commentaire.

Assurément, l'entreprise, de quelque manière qu'on l'envisage, exige, par sa nature même, un assez grand nombre d'années qui se peut difficilement abréger. En premier lieu, se présente la question du recrutement des collaborateurs idoines. Ceux-ci devront être formés à l'école des soixante professionnels, environ, qui constituent l'ossature, s'il se peut dire, du Service géographique. On ne saurait évaluer à plus de trois ou quatre cents le contingent des sous-officiers qui répondraient à un appel fait dans l'armée. Ils se rencontreraient évidemment parmi ceux qui se sentent une vocation pour les carrières de géomètres privés, dessinateurs, agents de travaux publics, etc... Ces sous-officiers seraient sans doute séduits par la perspective de faire un apprentissage sérieux et gratuit, sous tous rapports. Une fois rentrés dans la vie civile, on les aurait, en cas de mobilisation, tout prêts à encadrer les équipes topographiques, dont on a vu, au cours de cette étude, la coopération brillante et indispensable en temps de guerre.

Avec le personnel ainsi composé, on doit estimer qu'un délai de vingt années suffirait pour doter la France du magnifique instrument de travail et de défense, dont l'utilité a été si bien comprise par les étrangers. Naturellement, les soins des sections topographiques se porteraient d'urgence sur les contrées de notre territoire qui réclament le plus d'attention, aux divers points de vue militaires, agricoles, industriels et commerciaux.

Pour obtenir ce résultat, si désirable à tous égards, quelle somme d'argent devrait-on engager?

Étant donné qu'il n'y aurait à faire aucun frais de premier établissement, puisque les instruments nécessaires et le matériel d'exploitation existent au Service géographique, la dépense annuelle serait, au maximum, de trois millions et demi.

Ainsi pour trois millions et demi, somme presque infinitésimale par rapport au budget formidable que nos représentants votent tous les ans, pour trois millions et demi, pendant vingt ans, soit, au total soixante-dix millions, on donnerait à la France un des principaux éléments de sa sécurité. On lui fournirait en outre les moyens de développer, à l'instar de ses voisins, l'agriculture, l'industrie, le commerce, voire le tourisme par une viabilité intelligemment perfectionnée.

Mettre en regard la somme annuelle, relativement modique, de trois millions et demi, et les avantages exposés ci-dessus, c'est, pensons-nous, décider, sans hésitation ni délai, l'établissement de la carte au 50.000e.

TABLE DES MATIÈRES

IMPRIMERIE BERGER-LEVRAULT, NANCY-PARIS-STRASBOURG — 1926

www.ingramcontent.com/pod-product-compliance
Ingram Content Group UK Ltd.
Pitfield, Milton Keynes, MK11 3LW, UK
UKHW022117260726
13993UKWH00003B/1071